Analyse fondamentale et Analyse technique

Faites comme les pros de la Bourse :
les bons choix au bon moment !

Jean-David Haddad

Analyse fondamentale et Analyse technique

*Faites comme les pros de la Bourse :
les bons choix au bon moment !*

JDH Éditions

Les guides de FranceBourse.com

INTRODUCTION

La Bourse est le lieu fictif où les actions sont cotées, autrement dit, où elles ont un prix. Ce prix évoluant à chaque instant quand la cotation se fait en continu (ce qui est le cas sur la plupart des actions).

Pour appréhender le cours d'une action, ou même d'un autre actif comme l'or, le pétrole, le dollar, ou encore celui d'un indice boursier, et savoir si vous devez acheter ou vendre, vous avez à votre disposition deux grandes catégories d'outils : l'analyse fondamentale et l'analyse technique, dite aussi analyse graphique.

– <u>L'analyse fondamentale</u> consiste à étudier les fondamentaux des sociétés cotées, c'est-à-dire leurs indicateurs de santé économique et financière. Elle est basée sur le principe selon lequel la valeur réelle d'un actif (comme une entreprise mais aussi un immeuble, une matière première, etc.) est déterminée par des éléments concrets, quantifiables et objectivables. Elle part du principe selon lequel si la valeur que donne le marché à cet actif s'écarte de trop de cette valeur objective, alors tôt ou tard, les deux valeurs finiront par converger. Avec l'analyse fondamentale, c'est le règne du rationalisme et du cartésianisme. Le règne de l'objectivation aussi.

– <u>L'analyse technique</u>, ou graphique, consiste à étudier les évolutions graphiques des cours de Bourse des sociétés en question. Le principe de base est de dire qu'il ne faut pas regarder les fondamentaux mais que toutes les informations sont contenues dans les graphiques. Les évolutions des prix donneraient en effet toutes les informations nécessaires sur le sentiment des investisseurs et les potentiels mouvements de prix à venir. De nombreuses méthodes différentes d'approche co-existent,

plus ou moins mathématiques, et plus ou moins déterministes. Certaines considérant que l'Histoire se répète. Avec l'analyse technique, c'est le règne de l'irrationnel et de l'appréhension par les figures géométriques des mouvements de foule, qui sont à l'origine des fluctuations du marché. C'est aussi le règne de la subjectivité. Car plus on creuse, plus chacun verra une figure différente de celle de son voisin.

Prenons un exemple : l'action Michelin.

Si vous vous intéressez à cette action, faire de l'analyse fondamentale consistera à étudier la position de Michelin sur son marché, à étudier son chiffre d'affaires et ses bénéfices, à projeter ce que pourraient être ce chiffre d'affaires et ce bénéfice pour les années qui viennent, sous quelles conditions, à se questionner sur l'endettement, sur la qualité du management, et à partir de tous ces éléments, à se demander combien peut avoir l'entreprise Michelin en la comparant à son secteur. Et en se demandant aussi si son secteur est actuellement sous-valorisé ou non compte tenu des tendances macroéconomiques. Est-elle trop chère ou pas assez chère ? Si elle est trop chère, je vends ; si elle n'est pas assez chère, j'achète.

L'analyse graphique consistera à observer l'évolution du titre Michelin dans le temps, à essayer de trouver des tendances, des points d'appui, à chercher des figures géométriques, les prolonger pour prévoir, et donc à faire des projections pour essayer de prévoir la courbe sur le futur.

Pour schématiser, l'analyse fondamentale aide à faire de bons choix, l'analyse technique aide à choisir des actions (ou des prises de position) au bon moment. La combinaison des deux permet d'effectuer les bons choix au bon moment !

Le trader s'intéressera quasi uniquement à l'analyse graphique, cela va sans dire. Les fondamentaux ne lui seront pas d'un grand intérêt, surtout s'il trade des indices boursiers, comme cela est souvent préconisé. À la rigueur, s'il trade des actions, il peut éventuellement essayer de se positionner juste avant des annonces de résultats s'il connaît bien l'entreprise dont il va trader l'action.

Le rentier ne s'intéressera qu'à une partie de l'analyse fondamentale, celle qui concerne le rendement et les perspectives de rendement. Il pourra néanmoins quelque peu se servir des graphiques pour optimiser son investissement.

Le boursicoteur ou investisseur boursier, qui vise à faire des plus-values sur un horizon de quelques mois ou quelques années, aura tout intérêt à mélanger équitablement les deux approches afin d'optimiser ses zones d'achat et ses zones de vente.

Aussi, bien que tout oppose les deux méthodes d'analyse et de décision, il faut savoir que les professionnels des marchés utilisent les deux et combinent les deux. En effet, quand les signaux convergent, les chances de réussite croissent, c'est évident. Même si le 100 % est impossible en bourse.

Il existe, en langue française, de nombreux ouvrages sur l'analyse technique en bourse, du plus généraliste au plus spécialisé sur une méthode, comme Ichimoku par exemple. Par contre, il n'existe presque pas d'ouvrage sur l'analyse fondamentale. Et il n'existe aucun ouvrage qui réunit les deux, qui aborde les deux approches séparément, avant de montrer comment utiliser efficacement leur combinaison.

Aussi, selon un plan très classique, avoir présenté l'une puis l'autre, il montrera comment tenter de les combiner pour optimiser ses plus-values. Un plan classique pour une approche audacieuse !

PREMIÈRE PARTIE

L'ANALYSE FONDAMENTALE

CHAPITRE 1

GÉNÉRALITÉS INDISPENSABLES

Lorsque vous investissez en bourse, et que vous achetez des actions, vous achetez en fait des parts, d'infimes portions d'entreprises.

À partir du moment où vous vous souvenez de cette vérité, vous devez naturellement être amené à vous intéresser de près à l'entreprise qui vous tente.

Les fondamentaux sont les indicateurs qualitatifs et quantitatifs de santé économique et financière de l'entreprise.

Les indicateurs qualitatifs concernent l'activité de l'entreprise, comme la pertinence de ses produits, la qualité de son management, l'organisation du pouvoir, la notoriété de la marque, d'éventuels brevets, mais aussi la qualité de la communication de l'entreprise en question.

Les fondamentaux quantitatifs sont tous les indicateurs dont vous entendez souvent parler : le chiffre d'affaires, les bénéfices, la croissance des bénéfices, la part des bénéfices distribuée, les ratios financiers comme le PER. Et bien sûr le fameux EBITDA qui est très à la mode dans les salles de marché depuis les années 2010.

À votre niveau d'épargnant individuel, on ne vous demandera pas de passer un concours pour devenir analyste financier ! Inutile donc de vous embarrasser l'esprit avec des dizaines d'indicateurs.

De la parfumerie du coin à Facebook : l'analyse fondamentale est universelle !

Partez de quelque chose de simple, de très simple : le prix de l'entreprise. Si vous deviez acheter la parfumerie en bas de chez vous, des questions très simples vous viendraient à l'esprit, du genre :

– Combien vaut-elle ?

– Combien de chiffre fait-elle ?

– Combien de marge dégage-t-elle ?

– Quel est son potentiel ?

– Quelle est la concurrence ?

Puis la question qui combine toutes ces questions : on veut me vendre le fonds de commerce 300 000 €, est-ce cher ou pas ?

Si je vous ai dit plus haut que lorsque vous investissez en bourse, vous achetez en fait d'infimes portions d'entreprises, c'est parce que le raisonnement est toujours le même, que vous achetiez une épicerie ou que vous achetiez Facebook !

Une action a un cours de bourse, et cela à chaque instant si elle est cotée en continu. Ce cours de bourse correspond à une **valorisation boursière** (ou **capitalisation boursière**), qui est tout simplement égale au cours de bourse multiplié par le nombre d'actions existantes.

Cette valorisation, une fois que vous la connaissez, répond à la question posée ci-dessus : « Combien vaut-elle ? » Mais elle ne répond pas à la question de savoir si elle est chère ou pas.

Pour cela, il va falloir rapporter cette valorisation au chiffre d'affaires ou aux bénéfices.

C'est ainsi que l'on calcule des ratios de valorisation, qui ont une importance capitale en analyse fondamentale.

Avant d'aller plus loin et de vraiment aborder les indicateurs quantitatifs, quelques précisions semblent importantes à apporter sur les différents soldes comptables essentiels appelés **soldes intermédiaires de gestion**.

Tout le monde sait ce qu'est un chiffre d'affaires (c'est le produit des ventes par les quantités vendues). Tout le monde sait ce qu'est un résultat net, à savoir ce qu'il reste dans la caisse une fois tout payé, tout, vraiment tout, y compris les impôts, les charges financières et les éléments exceptionnels.
Mais entre ces deux masses du compte de résultat d'une entreprise, il y a plusieurs résultats, et chaque entreprise a le droit de communiquer principalement sur celui qu'elle souhaite.

Il y a 15 ou 20 ans, seul comptait le résultat net pour faire de l'analyse fondamentale. Aujourd'hui, tous les éléments intermédiaires comptent.

Quelle est la différence entre ces résultats intermédiaires, de plus en plus regardés par le marché ?

La voici, exposée de façon simple :

<u>Chiffre d'affaires</u>
– Achats consommés
– Consommations en provenance de tiers
– Services extérieurs consommés
+ Subventions d'exploitation

– Frais de personnel (salaires et charges sociales)

– Impôts et taxes (autres que l'impôt sur les sociétés)

= <u>EBE (excédent brut d'exploitation)</u>

– Participation

– Dotations aux provisions d'exploitation

= <u>EBITDA</u>

– Dotations aux amortissements sur immobilisations incorporelles y compris du goodwill

– Dotations aux amortissements sur immobilisations corporelles

= <u>EBIT</u>

+ Participation

+ Dotations aux amortissements du goodwill

= <u>REX (résultat d'exploitation)</u>

+/– Résultat financier (résultats des placements et investissements réalisés par l'entreprise)

+/– Résultat exceptionnel (opérations de gestion ou des opérations en capital)

– Impôts (dont Impôt sur les Sociétés)

= <u>RÉSULTAT NET</u>

On notera que le résultat financier peut être positif en cas de bons placements ayant généré des plus-values par exemple. Quant au résultat exceptionnel, comme son nom l'indique, il inclut des opérations exceptionnelles ou des frais exceptionnels (par exemple des amendes et pénalités).

Pour les actionnaires individuels, le piège le plus fréquent consiste à ne regarder que le cours de l'action, sans le multiplier par le nombre d'actions existantes. Le cours en lui-même ne veut rien dire ! Une société peut être chère à 0,12 € si elle a énormément d'actions ! Une autre, à 287 €

l'action, peut être bon marché ! La valeur de l'action en elle-même ne signifie rien si elle n'est pas multipliée par le nombre d'actions existantes !
Et l'idée principale de l'analyse fondamentale est de diviser la valeur de l'entreprise par un solde de gestion, que ce soit le chiffre d'affaires, le résultat d'exploitation ou le résultat net. Cela afin de pouvoir exprimer la valeur d'une entreprise en unités de temps.

Supposons que la fameuse parfumerie en bas de chez vous soit proposée à la vente à 300 000 €, pour un chiffre d'affaires de 350 000 €, un résultat d'exploitation de 40 000 € et un résultat net de 30 000 €.

À 300 000 €, elle vaut donc :

— Moins d'un an de chiffre d'affaires (CA), et plus exactement 10 mois de CA

— 7 ans et demi de résultat d'exploitation

— 10 ans de résultat net (on parle de PER de 10)

Le **PER** (Price Earning Ratio) consiste à diviser la capitalisation boursière par les bénéfices nets. C'est un ratio très important dans l'analyse fondamentale !

Un PER de 10, est-ce cher ou pas ? Il faudra comparer aux autres ventes de parfumeries qui ont eu lieu dans la ville, voire dans le quartier. Il faudra aussi voir le potentiel d'agrandissement, les évolutions du quartier, des clients... Savoir si elle a des dettes, aussi, cela est très important !

C'est exactement cette démarche que l'on applique aux sociétés cotées.

On divisera la capitalisation boursière par le chiffre d'affaires ou le résultat net pour dire « cette société vaut tant d'années de chiffre d'affaires ou de bénéfices ».

Et par tradition, quand on regarde les soldes intermédiaires, donc ceux qui se situent entre le chiffre d'affaires et le résultat net, on n'utilisera pas la capitalisation boursière mais la valeur d'entreprise comme valorisation à mettre au numérateur.

La valeur d'entreprise n'étant pas seulement la capitalisation boursière mais la capitalisation boursière augmentée des dettes ou réduite de la trésorerie si l'entreprise a une trésorerie qui excède les dettes.

Si je reprends la petite parfumerie qu'on veut vous vendre 300 000 €, on peut dire que l'équivalent de ce que serait en bourse la capitalisation boursière, c'est 300 000 € (le prix auquel on veut vous la vendre), et que la valeur d'entreprise, c'est 300 000 + le montant des dettes nettes restant à payer. Ainsi, si la parfumerie doit 120 000 € de dettes, et dispose de 10 000 € de trésorerie, sa dette nette est de 110 000 € ; sa valeur d'entreprise sera de 300 000 + 110 000 = 410 000 €. Si au contraire elle n'a pas de dettes et dispose de 50 000 € de trésorerie, sa valeur d'entreprise sera de 300 000 − 50 000 = 250 000 €. Disposer d'une trésorerie nette est un atout pour la valorisation d'une société car c'est en fait comme une dette négative.

Si on reprend les soldes intermédiaires de gestion d'une entreprise, présentés un peu plus haut, plus on descend, plus il est justifié que le ratio de la valeur d'entreprise rapportée au résultat correspondant soit élevé.
Ainsi un ratio VE/REX de 10 peut correspondre par exemple à un ratio VE/EBE de 5 et à un ratio VE/EBIDTA de 7…

Comme vous le voyez, on peut mesurer la « cherté » d'une entreprise par des ratios : PER, VE/EBITDA, VE/REX, etc. Ou tout simplement capitalisation/chiffre d'affaires.

Certains secteurs, comme le luxe, ont des PER moyens bien plus élevés que des secteurs industriels ou que le secteur des biens de consommation. Il faut savoir aussi que le PER moyen du marché varie selon que l'on soit en phase optimiste ou pessimiste. En France, le PER moyen du CAC 40 est de 9 en période de crise et au-dessus de 15 en période d'optimisme.

Aux États-Unis, les PER sont traditionnellement plus élevés que chez nous en moyenne car le marché américain fait plus rêver et attire davantage les capitaux mondiaux. Néanmoins il existe aussi de grandes disparités sectorielles.

Selon le site *Finviz.com*, les PER moyens aux États-Unis des différents secteurs sont les suivants :

Secteur (USA)	PER moyen
Énergie	8,5
Banques et finance	13,2
Matériaux de base	16,2
Biens de consommation	17,3
Services de communication	26,1
Santé	32,4
Haute technologie	38,5

Le secteur bancaire, par exemple, est bien moins valorisé en France, avec des PER moyens autour de 7 en 2023.

Il y a aussi de grandes différences dans le temps. En bourse, c'est comme partout : il y a des modes. Dans les années 2000, le secteur des télécoms se payait très cher, à des PER supérieurs à 50 ! Aujourd'hui, une société comme Orange a un PER inférieur à 10 et cela était même pire sur ce secteur il y a quelques années.

Le luxe ne se démode pas, il vaut cher et cela a toujours été le cas ! Le PER moyen du secteur est largement supérieur à 20 et baisse en général plutôt autour de 15 en cas de crise.

L'image de marque que se donne une entreprise a d'ailleurs une grande importance. Quand le groupe Pinault-Printemps-Redoute était un groupe de grande distribution, son PER était bien moins élevé que depuis qu'il est devenu Kering, un groupe axé sur le luxe, qui s'est débarrassé de ces enseignes de grande distribution. La dynamique d'une société est donc, au-delà des chiffres, très importante à saisir.

Quel ratio utiliser et quand ?

Il n'y a pas de ratio d'analyse fondamentale qui soit universel et qui s'applique à toute société. Le chapitre suivant mettra justement en avant les cas particuliers.

À ce stade, on peut dire que tout dépendra de la société que vous étudiez. Déjà, toutes ne sont pas bénéficiaires. Et une entreprise n'est pas à jeter car elle ne fait pas de bénéfice net, mais un déficit. Quand une société ne fait pas de bénéfice net, le PER n'a pas de sens et on préférera utiliser le ratio VE/EBITDA par exemple. Et si son EBITDA est lui aussi négatif, alors il ne reste plus que le chiffre d'affaires à regarder...

D'une manière générale, le résultat net est très important car il montre ce qu'il reste « dans la caisse » une fois tout payé. Mais quand on voit l'évolution d'une entreprise sur la durée, le résultat d'exploitation semble un indicateur plus intéressant pour juger de la performance d'une entreprise et de son activité. Il reflète, en effet, les revenus dégagés par son cœur de métier et donc la viabilité de son projet sur le long terme tandis que le résultat net peut comporter des charges exceptionnelles.

La presse financière vous parle souvent des valeurs « opéables ». Pourquoi ? Tout simplement car il faut se mettre parfois dans la peau des grands groupes industriels et se dire : « *Quelles sociétés vont-ils s'offrir demain ?* » Et pour cela, il faut se poser les questions précédentes.

Quand on parle de chiffres, nous sommes sur des fondamentaux quantitatifs. Il y a aussi des fondamentaux qualitatifs. Ils ont leur importance et sont à croiser avec les fondamentaux quantitatifs.

Un ratio est à regarder en analyse dynamique : le ratio résultat net/chiffre d'affaires. C'est ce qu'on appelle la marge nette. Autrement dit la part du chiffre d'affaires qu'il reste à l'entreprise une fois tout payé. Si ce ratio baisse au fil du temps, sur une dizaine d'années par exemple, c'est mauvais signe. Si au contraire il croît, parallèlement à une croissance du chiffre d'affaires, cela signifie que la société dégage de plus en plus de marge, au fil de ses conquêtes. C'est alors un très bon signe, qui peut justifier un PER plus élevé que celui de la concurrence. Ce ratio permet en fait de se rendre compte quantitativement des fondamentaux qualitatifs comme la qualité et l'ingéniosité du management.

Ne pas négliger les éléments de l'actif du bilan

Qu'il s'agisse de chiffre d'affaires, de résultat d'exploitation ou de résultat net, nous sommes ici sur des valeurs liées au compte de résultat. Donc les flux.

Les spécialistes de l'analyse fondamentale regardent aussi le bilan de l'entreprise. Le bilan est en quelque sorte une photo qui enregistre le passé de l'entreprise alors que le compte de résultat permet de voir la situation sur une année, et la comparaison des comptes de résultat met en évidence la dynamique des flux de l'entreprise.

Précédemment, nous avons parlé du compte de résultat. Le bilan doit aussi être appréhendé quand on fait de l'analyse fondamentale. En particulier les dettes et les actifs de l'entreprise. La valeur d'une entreprise s'apprécie en effet aussi eu égard à la valeur de ses actifs, aussi bien matériels (immobilier en particulier) qu'immatériels (brevets, noms de marques, etc.). Quand une entreprise est déficitaire, on se reporte souvent justement sur la valeur de ses actifs immatériels. En gros, on se demande ce que pourrait valoir l'entreprise « à la casse ». Attention, cette approche est à réserver aux plus fins connaisseurs et à ceux qui sont prêts à prendre des risques, car lorsque le marché s'acharne sur une action, la valeur de l'entreprise en question peut baisser très largement en dessous de ses capitaux propres qui correspondent à l'ensemble des ressources de la société, et reflètent sa valeur financière. Selon *Service-public.fr*, « il s'agit des fonds apportés par les associés ou actionnaires lors de la création de la société auxquels s'ajoutent les fonds générés par son activité ».

Par exemple, si on prend la société Atos dont le titre ne fait que chuter, au 20 janvier 2024, avec une capitalisation boursière de 380 millions d'euros, elle vaut 10 fois moins que ses capitaux propres ! Le problème d'un titre qui chute indéfiniment, c'est que cela finit par faire fuir des clients, des fournisseurs, car ils finissent par avoir peur d'une faillite de l'entreprise en question. A priori, une société qui est déficitaire mais cote nettement en dessous de ses capitaux propres constitue un titre à l'achat, mais il faut bien se dire que ça devient forcément un achat spéculatif.

Les fondamentaux qualitatifs

Si une société a un bon management, est crédible dans sa communication, n'a jamais menti sur ses estimations de résultats, elle pourra justifier de PER bien plus élevés qu'une société identique du même secteur qui a des dirigeants mis en examen, qui a déjà bluffé le marché en annonçant en janvier que les bénéfices allaient être bons, puis en février que finalement la société est en déficit ! Ce genre de cas, hélas, existe !

Le management est très important ainsi que ses projets. Le marché n'accorde pas sa confiance aveuglément à une équipe dirigeante. Il faut qu'elle fasse ses preuves. Et les projets peuvent permettre d'accorder une **prime de valorisation** car le but premier de la Bourse est d'anticiper l'avenir. Longtemps une société comme Iliad a fait rêver le marché avec des ratios de valorisation très élevés (PER de 20 voire 25 quand les autres acteurs des télécoms étaient valorisés à des PER de 8 ou 10), mais cela s'est achevé en 2017 ; le groupe était alors valorisé comme ses concurrents car le marché s'est aperçu que sa conquête de parts de marché était finie. La prime de valorisation a disparu car le marché a réalisé qu'Iliad était arrivée au bout de ses perspectives de conquête et que le management ne pouvait pas aller beaucoup plus loin. Quelques années plus tard, le titre a été retiré de la Bourse de Paris.

CAS PRATIQUE

Prenons un cas pratique, celui de l'entreprise MERSEN. Autour d'une analyse fondamentale réalisée fin janvier 2024.

Ayant longtemps opéré sous le nom Carbone Lorraine, Mersen est un fabricant de graphite, obtenu à partir du carbone, et qui rencontre actuellement une forte demande avec l'essor du « tout électrique ». En effet, aujourd'hui, son essor est remarquable. Ayant un pied dans l'industrie la plus classique et des débouchés importants dans le « tout électrique » vers lequel on nous pousse à nous acheminer, il y a eu un engouement du marché sur le titre mais ce n'est plus le cas aujourd'hui, Mersen étant assimilée à une « small cap » (petite capitalisation : sont en général concernées les capitalisations inférieures au milliard d'euros). Et il faut savoir qu'il y a des périodes où les « small caps » font recette et d'autres où ce n'est pas le cas. En 2023 par exemple, les « small caps » n'ont pas du tout été à la mode. Et quand c'est ainsi, c'est souvent l'occasion pour saisir des actions bon marché comme cela est le cas pour Mersen.

En 2023, Mersen a réalisé un chiffre d'affaires de 1,211 milliard d'euros, en croissance organique de 13,2 % dont autour de 5 % est lié à des augmentations de prix. L'entreprise emploie 7 300 salariés, est implantée dans 34 pays, avec 52 sites de production, ce qui lui permet de réaliser un bon tiers de son chiffre d'affaires en Amérique du Nord, un petit tiers en Europe et un autre petit tiers en Asie. Belle diversification géographique, donc. Tout comme la diversification des débouchés qui est très bonne aussi.
Mersen a indiqué attendre sur l'exercice 2023 à afficher pour l'année une marge opérationnelle courante autour de 11,3 %, supérieure à l'objectif précédent compris entre 11,0 % et 11,2 %. Cette marge correspondrait à 137 M€.

Sur les deux précédents exercices, le ratio RN/ROP s'est établi à 60 %. Si on projette, on aurait donc un RN de 82 M€ sur l'année 2023.

Au cours actuel de 33 €, avec une capitalisation de 825 M€, cela ferait un PER de 10.

Ce qui reste très modéré. D'autant plus que Mersen a une structure financière saine avec une dette nette de 189 M€ (à fin juin 2023) donnant un effet de levier de 0,98 % et un ratio sur capitaux propres de 23 %, les flux d'autofinancement couvrant la croissance. Aussi, la valeur d'entreprise est de 1 Md€ environ, pour un EBITDA qu'on peut estimer en 2023 à 200 M€ (il est en moyenne de 1,5 fois le résultat d'exploitation). Donc un ratio VE/EBITDA de 5.

PER = 10
VE/EBITDA = 5

La logique est respectée ; un PER est en moyenne 2 fois plus élevé qu'un ratio VE/EBITDA.

Mais ce sont des ratios bas !
Mersen mérite plus !
Au moins 12 et 6 ! Pour l'exercice 2023… Donc un potentiel de hausse de 20 %. Ce qui nous a conduits, sur FranceBourse, à recommander ce titre à l'achat.

CHAPITRE 2

L'ANALYSE FONDAMENTALE : CAS PARTICULIERS

En général, on considère que pour une société qui se porte bien, sans pour autant faire rêver, dans un marché qui n'est ni euphorique ni dépressif, un PER de 10 à 13 est la norme. Saint-Gobain par exemple : une société saine dans un marché qui se porte correctement mais ne fait pas d'étincelles.

Et pourtant… parfois, certaines entreprises sont capitalisées à plus de 100 fois les bénéfices, voire à plus de 50 fois leur chiffre d'affaires ! À l'inverse, certaines sont capitalisées à des PER de 2 ou 3.

Comment ces excès sont-ils possibles ?

Il faut bien réaliser qu'au-delà du cas général, qui est un modèle, un moule, il y a une multitude de cas particuliers que nous allons passer en revue de manière non exhaustive.

Il y a les sociétés innovatrices, les sociétés étrangères, les sociétés de rendement (pour les rentiers), etc.

Les sociétés innovantes et la haute technologie

L'innovation c'est, comme son nom l'indique, la création d'une nouveauté technologique. Ce qui est une innovation aujourd'hui ne le sera plus demain. Un écran plat était une innovation il y a 30 ans, mais cela n'a plus rien d'innovant aujourd'hui. Nous le verrons plus tard, la Bourse a tendance à fortement valoriser l'innovation au départ, au lancement, puis au fur et à mesure que ça rentre dans les mœurs, les valorisations tombent.

Tout produit, et au-delà toute catégorie générique de produit, suit un cycle de vie, qui passe par plusieurs phases. Ce cycle de vie a été mis en évidence par de nombreux économistes comme R. Vernon en 1966. Cette théorie du cycle de vie du produit a fait le tour du monde et a servi à de nombreuses stratégies marketing.

La théorie du cycle de vie nous apprend que tout produit, et au-delà toute catégorie de produit, toute catégorie d'innovation, suit plusieurs étapes qui peuvent être résumées par le graphique suivant :

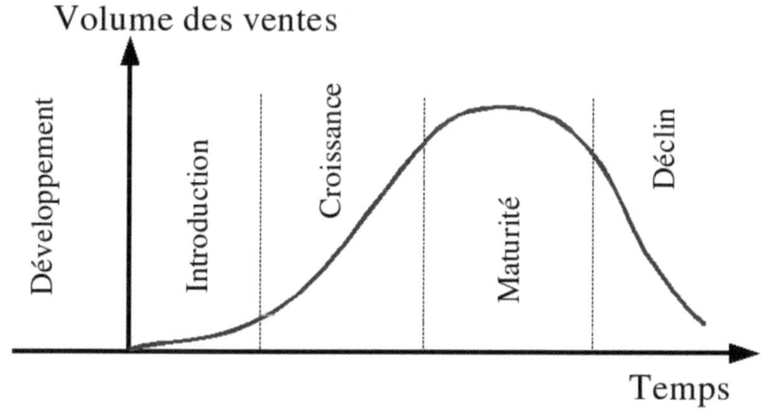

– <u>La phase de développement</u> correspond à une phase où l'innovation n'est pas encore lancée sur le marché. Les ventes sont par définition inexistantes, mais les frais de développement sont parfois énormes. Si l'entreprise n'est pas un grand groupe multinational diversifié, elle a besoin de nombreux soutiens financiers (augmentations de capital récurrentes, fonds publics, etc.). C'est évidemment à cette phase que le potentiel financier est le plus important, mais aussi que la prise de risque est maximum.

– <u>La phase de lancement (ou introduction)</u> correspond à la phase de mise sur le marché. Les ventes sont balbutiantes mais, si le produit prend, les ventes sont alors en croissance exponentielle. Rares sont les entreprises qui font des bénéfices durant cette phase car le produit est cher, et ne concerne que peu de monde, tandis que les frais restent très élevés.

– <u>La phase de croissance</u> correspond à la phase où le produit passe à la production de masse. Les coûts sont alors réduits par les économies d'échelle liées à une production en grande série. Les prix de vente baissent, l'entreprise, si elle est bien gérée, devient profitable. Il y a souvent de très belles opportunités boursières dans cette phase sans que le risque soit énorme. Évidemment, le potentiel n'est plus celui de la phase de développement. On découpe souvent cette phase en deux parties : la phase de croissance accélérée et la phase de croissance ralentie. La phase de croissance accélérée suit celle de lancement, tandis que celle de croissance ralentie se rapproche de la maturité.

– <u>La phase de maturité</u> est une phase où l'innovation n'en est plus une dans la mesure où elle est ancrée dans les mœurs (le téléphone portable par exemple). Les marges se réduisent car, d'une part, les compétiteurs deviennent nombreux et, d'autre part, chaque entreprise doit innover pour amener un plus au produit et se distinguer de son compétiteur (c'est par exemple ce qu'Apple a fait en 2007 avec l'iPhone, avant d'être imitée par tous ses compétiteurs). En bourse, on ne se positionnera pas sur un produit en phase de maturité sauf si cette maturité est améliorée par une innovation mineure (il aurait été intéressant de se positionner sur Apple en 2007 par exemple). **En effet, un produit en maturité peut subir des innovations qui font qu'il est relancé. On dit alors qu'il est en phase de relance.**

– <u>La phase de déclin</u> est celle où les ventes diminuent car des produits de remplacement apparaissent. Évidemment, il ne faut jamais se positionner en tant qu'investisseur dans cette phase. Sauf pour un leader sur un marché lentement déclinant (celui du papier par exemple). Mais cela ne nous concernera pas ici. Sauf à ce qu'il y ait des innovations majeures sur un produit en déclin...

Comment la Bourse valorise-t-elle l'innovation ?

L'analyse fondamentale classique veut que, pour évaluer une société, on fasse des calculs en tenant compte d'un certain nombre de ratios et chiffres comptables : chiffre d'affaires, résultat d'exploitation, résultat net, endettement, actif, etc. On regarde les exercices passés, l'exercice en cours et on fait les projections pour les exercices futurs.

Sur une société fortement innovatrice, qui propose une technologie de rupture, le raisonnement du marché sera totalement différent.

Deux cas de figure :

– <u>La société a une activité et fait du chiffre d'affaires et des bénéfices</u>. Dans ce cas, le marché va faire comme dans le cas d'une société classique mais en pondérant davantage le futur, et en extrapolant pour l'avenir de très forts ratios de croissance. On observe alors, par rapport à l'exercice en cours, ou par rapport aux exercices passés, des ratios de valorisation très élevés. Surtout sur le Nasdaq, où les PER de ces sociétés sont parfois de 50 voire 100. Plus le marché anticipe une forte croissance, plus le PER sera élevé. Mais attention, s'il est déçu, c'est la douche froide ! Ainsi, les sociétés d'imprimantes 3D se valorisaient, il y a quelques années, à 10 voire 20 fois leur chiffre d'affaires… Mais, vu que le marché a réalisé que la croissance serait moins importante que prévu, que ces sociétés alignaient les exercices déficitaires, elles ne valent plus actuellement qu'une fois leur chiffre d'affaires, soit le prix d'une société lambda.

Par ailleurs, lorsque les résultats arrivent, les chutes peuvent être brutales : si le marché a anticipé trop de croissance et qu'il y en a moins que prévu, c'est la porte ouverte à un ajustement brutal. À l'inverse, de bonnes surprises peuvent amplifier le phénomène.

Une société innovante sera en définitive survalorisée aussi longtemps qu'elle réussira à faire rêver.

– <u>La société n'a pas encore d'activité</u>. C'est le cas d'une société monoproduit en phase de développement. Il n'y a ni chiffre d'affaires ni bénéfices. C'est la porte ouverte à toutes les spéculations, tous les excès et toutes les anticipations les plus délirantes ! … Ou pas… Il est devenu courant de voir une société qui fait zéro chiffre d'affaires capitaliser à plusieurs dizaines voire centaines de millions d'euros ou de dollars, car la technologie fait rêver et propose une totale rupture ou une innovation qui va bouleverser les modes de vie. **Plus la société propose une forte rupture technologique, plus elle sera valorisée si son équipe dirigeante est crédible.** Mais cela ne dure pas forcément dans le temps. Car plus la sortie commerciale du projet traîne en longueur, moins le rêve sera présent. Nous l'avons vu avec Carmat (créateur du cœur artificiel). L'exemple des biotechs est probant. Lorsque le marché est déçu car les tests sont décevants, que les produits attendus ne vont pas sortir, la sanction peut être énorme.

Ces dernières considérations appellent deux commentaires :

– Lorsque la déception est de mise sur une société innovante, il ne faut pas insister. Il faut vendre, quitte à y revenir plus tard.

– Le secteur des biotechs, même s'il a eu le vent en poupe, est trop aléatoire, et nécessite des compétences techniques (biologiques) pour le comprendre. Les biotechs feront l'objet du paragraphe suivant.

On notera qu'il existe aussi de grandes sociétés établies qui se mettent à innover et à aller sur des technologies de rupture. C'est le cas des fameuses GAFA ou GAFAM ou GAFAMN (selon la façon dont on les considère). Les principales sont Google, Facebook, Amazon, Apple, Microsoft, voire Netflix.

À ne pas confondre avec les « **licornes** » qui sont des immenses start-ups connues de la terre entière ou presque et qui n'en finissent plus d'être en mode start-up (en ce sens que leur modèle change, se cherche presque en permanence). Uber est la plus connue. Les licornes font du chiffre d'affaires mais pas de bénéfices. Et cela peut durer longtemps. Twitter, par exemple, devenu X en 2023, ne réalise toujours pas de bénéfices !

Les biotechs

Les sociétés biotechnologiques dites biotechs démentent tous les ratios de valorisation habituels. Elles valent des dizaines voire des centaines de millions d'euros alors que leur chiffre d'affaires est inexistant ou quasiment inexistant, et qu'elles ne font que des pertes sur pertes pendant des années et des années. Et la valorisation tient bon dans le temps même si le marché est aujourd'hui loin de la frénésie qui a été la sienne sur ces sociétés dans les années 2012 à 2015.

Prenons le cas de Genfit par exemple : 500 millions de capitalisation boursière (en septembre 2019) pour un chiffre d'affaires de 69 000 € (l'équivalent d'un petit plombier en zone rurale) et des pertes de l'ordre de 70 millions d'euros.

En fait, les investisseurs raisonnent complètement différemment sur les biotechs. Il y a les biotechs et les autres.

Comme l'a expliqué au micro de *FranceBourse.com* Pierre-Louis Germain, journaliste spécialisé dans les biotechs, et auteur du livre *Investir dans les biotechs* (Maxima) : « *On prend les DCF (cash-flow attendu) et on décompose projet par projet avec une probabilité de réussite des essais cliniques, puis on fait une moyenne pondérée. La faiblesse de ce modèle est que les taux de réussite sont très faibles. Et le développement incertain. L'exemple type est Carmat qui devait finaliser son cœur artificiel en 2013… puis 2014… puis 2016… puis plus rien !* » Avant de rajouter : « *Pour contrebalancer tous ces inconvénients, il est cependant important de noter que pour chaque produit, chaque médicament, on sait quelle serait la cible dans le monde. Contrairement à une société classique où tout dépendra du marketing et de la réaction des consommateurs, on a ici à chaque fois une quasi-certitude sur le nombre de personnes qui seront concernées par le produit vendu. C'est là que réside la force des biotechs.* »

Autrement dit, on oublie les méthodes de valorisation habituelles, et on se dit que plus la cible attendue par un médicament sera grande, plus le titre pourra monter.

Seulement, raisonner ainsi, comme cela a longtemps été le cas, c'était finalement admettre implicitement que le secteur des biotechs fut en soi une géante bulle spéculative...

Le secteur s'est en effet effondré sur les dernières années, et les valorisations ont littéralement fondu.

Cela reste un secteur sur lequel il faut toujours faire preuve de méfiance, mais qui attire largement les traders car les sociétés en question ont souvent un flottant important, ce qui permet de trader plus facilement ces titres, qui, de plus, sont très volatils.

Les actions étrangères

La manière dont les différents marchés boursiers valorisent les sociétés qui y sont cotées va différer d'un pays à l'autre, il est important de le savoir quand on s'apprête à investir sur un pays étranger.

Les Bourses de la Zone Euro évaluent les sociétés en fonction de leurs résultats, leur chiffre d'affaires, et très occasionnellement en fonction de leur actif ou de leurs capitaux propres. En Europe, le PER (cf. plus haut) est roi quand les entreprises sont bénéficiaires. Depuis ces dernières années, a été néanmoins exportée des États-Unis l'approche par l'EBITDA (l'équivalent de l'excédent brut d'exploitation). D'ailleurs, quelle entreprise cotée ne parle pas de son EBITDA ? Une notion pourtant inconnue chez nous il y a 10 ans. Le ratio VE/EBITDA prend même souvent la place du PER désormais.

En revanche, à l'échelle d'un indice, le PER garde toute sa valeur car le bénéfice net est le ratio le plus facile à comparer d'une société à l'autre. Le PER du CAC qui était monté jusqu'à 21 en 2015 a entamé son cycle de baisse depuis et il est actuellement de 13.

À l'intérieur du continent européen, les différentes places financières ne valorisent pas les sociétés de la même manière. Ainsi, **en Suisse ou, dans une moindre mesure, en Allemagne, les grandes entreprises sont plus généreusement valorisées qu'en France.** Chez nous, un PER de 20 est déjà un très beau PER, même pour un géant, alors qu'en Suisse, c'est un PER très moyen. Cela a toujours été.

Les Bourses anglo-saxonnes évaluent beaucoup plus facilement les sociétés en fonction de leurs actifs. Et tout particulièrement le Nasdaq. Ainsi, sur une société internet, seront valorisés le trafic, le nombre d'inscrits, la force du nom de domaine, le potentiel publicitaire, etc. Bien plus que le chiffre d'affaires. C'est ainsi que des PER de 50, 100 ou 200 sont communément admis sur ce marché et sont le reflet de l'hypercroissance. Impensable chez nous !

Une fois que l'on a compris ces différences d'approche, finalement symptomatiques d'une différence de culture économique, on peut aller sans sourciller investir sur les marchés américains. Des marchés désormais facilement accessibles depuis vos courtiers en ligne. La quasi-totalité des banques et sociétés de courtage proposent désormais la possibilité de passer des ordres sur le marché américain. Normal : le New York Stock Exchange et Euronext ont fusionné, donnant naissance à NYSE-Euronext en 2007.

Les foncières

Une société foncière, qui a très souvent le statut de SIIC en bourse, ne se valorise pas avec les mêmes ratios qu'une société commerciale ordinaire.

Le PER (capitalisation/bénéfices, rappelons-le) peut être utilisé mais seulement à titre indicatif.

Quant au ratio VE/EBITDA, très à la mode depuis quelques années, il n'a aucun sens pour valoriser une foncière en raison de l'endettement inhérent au métier.

Les deux ratios principaux sont la capitalisation sur l'actif net réévalué ou ANR (valeur des biens possédés diminuée de l'endettement) et le rendement.

Un ANR de 30 € par action et un cours de bourse de 15 € fait par exemple apparaître une décote de 50 %. En général, **plus la perception de la foncière est bonne, plus la décote est faible**. Dans les périodes hautes du cycle, il peut même y avoir une surcote. Dans les périodes où les taux d'intérêt sont élevés, comme en 2022/2023, les décotes ont augmenté, car la dette a augmenté (du fait de la hausse des taux), donc le cours de bourse des foncières a baissé, à actif constant. Seules les foncières ayant des actifs nets en forte croissance ont réussi à maintenir leur cours de bourse, voire à l'augmenter.

Quant au rendement, il peut aussi avoir toute son importance. En effet, les investisseurs qui placent leurs économies sur les foncières attendent souvent un rendement conséquent, de par les loyers encaissés.

Enfin, un ratio intéressant est le ratio « loan-to-value ». Ce ratio (les termes anglais sont de plus en plus fréquents dans le jargon financier) est le rapport entre l'endettement net et la valeur des biens possédés. Si vous avez un patrimoine immobilier d'un million et qu'il vous reste 600 k€ de crédits à rembourser, votre rapport « loan-to-value » est de 60 %. Plus bas ce ratio, mieux c'est. Et donc plus l'ANR mérite d'être élevé car le risque est alors moindre.

Les valeurs de rendement

Une valeur de rendement est une société qui distribue chaque année, de manière récurrente, un dividende important.

Rappelons que la finalité première d'une entreprise, contrairement à une association, est de faire des profits. C'est pourquoi l'on parle de « société à but lucratif ». Les profits servent en principe à être réinvestis mais aussi à rémunérer les actionnaires, grâce aux **dividendes**. On parle de **coupons** pour désigner la somme versée à cette occasion. Les termes de coupon et de dividende sont quasiment synonymes.

Le **rendement** qu'offre une action est le rapport, exprimé en pourcentage, de son coupon annuel et de son cours de bourse à l'instant T. C'est ainsi qu'avec un coupon annuel de 3 €, un titre offre 10 % de rendement avec un cours de 30 €, mais 8 % avec un cours de 37,5 € (soit 3/37,5) et « seulement » 7,5 % avec un cours de 40 € (soit 3/40).

Évidemment, la pérennité d'un dividende n'est jamais assurée. Une action est par essence un actif risqué, contrairement aux placements monétaires de type livret, qui eux sont beaucoup moins rémunérateurs mais offrent un rendement médiocre, avec un risque qui tend vers 0 (le risque 0 absolu n'existe pas).

Cela dit, on a pu constater que malgré les crises que nous avons subies récemment (sanitaire puis inflationniste), le rendement global ne s'est pas effrité. Au contraire, il a augmenté, car beaucoup de sociétés ont maintenu leur coupon, alors que leur cours de bourse a baissé, créant d'importantes opportunités de rentes.

Avec la crise sanitaire, les entreprises rémunératrices, qui se sont abstenues en 2020 de distribuer un coupon, se sont mises assez massivement, pour fidéliser l'actionnaire et pour lisser le cours de leur action, à distribuer un coupon augmenté pour certaines, normal pour d'autres, après avoir en quelque sorte économisé un an de dividende, afin de renforcer leur trésorerie et de se maintenir des possibilités de coupons exceptionnels à l'avenir.

Une société qui offre un gros rendement récurrent est par définition une société qui ne réinvestit pas ses bénéfices. Par conséquent, elle aura du mal à réaliser de la croissance. C'est pour cette raison qu'on a tendance à opposer valeurs de croissance et valeurs de rendement.

La notion de PER tout comme celle de ratio VE/EBITDA deviennent peu opérationnelles, quoiqu'elles puissent néanmoins avoir parfois une certaine utilité dans la valorisation.

Sur une valeur de rendement, on se focalisera sur le taux de rendement, son historique, sa stabilité mais aussi sur les taux d'intérêt servis par les marchés monétaires et obligataires. En effet, les actions de rendement sont directement en concurrence avec les obligations. Et comme le marché a tendance à faire davantage confiance à des États qu'à des entreprises, il y aura une prime de risque sur le rendement d'une action par rapport à une obligation. Ainsi, si une obligation offre 1 % de rendement, il sera logique qu'une action offre 4 % ou 5 % pour compenser le risque plus important et aussi le fait que, contractuellement, une entreprise n'a aucune obligation de payer un dividende sur une action, alors qu'une obligation, qu'elle soit émise par un État ou une entreprise, est contractuellement asservie au détachement d'un dividende.

FranceBourse publie tous les mois une lettre confidentielle sur les valeurs de rendement, avec un portefeuilletype qui réalise une très belle performance moyenne de plus de 11 % par an. Car sur un portefeuille dédié au rendement, et bien construit, il y a peu de montagnes russes, ce sont des titres assez stables en général.

Voici le parcours de ce portefeuille :

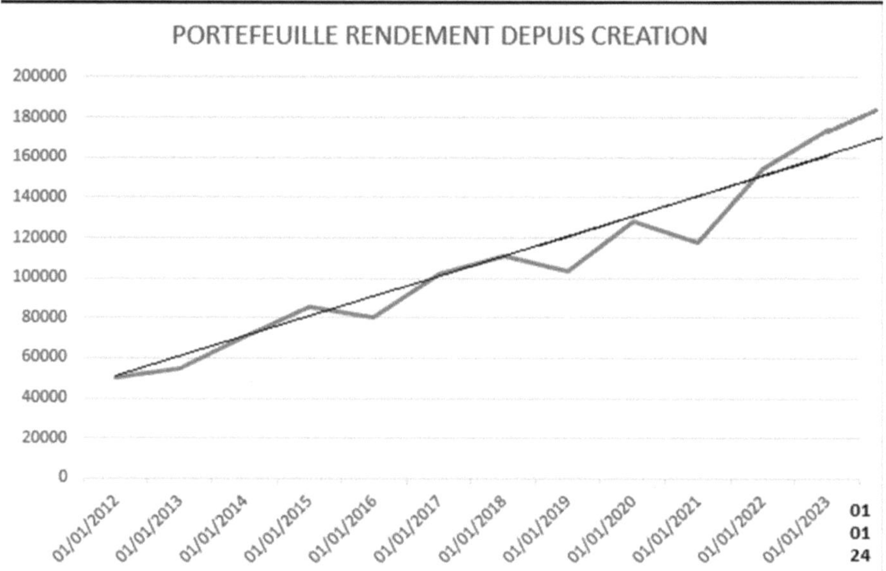

Pour en savoir plus :

CHAPITRE 3

APPRENDRE À NOTER LES ACTIONS

Faire de l'analyse fondamentale c'est bien beau, mais avoir un cadre dans lequel on peut noter une société pour savoir si oui ou non on peut s'en porter acquéreur, c'est encore mieux ! C'est pourquoi j'ai mis au point, en 2015, une méthode de notation des sociétés qui montre sa pleine efficacité dans l'évaluation des PME bénéficiaires. Mais qui peut être utilisée pour toute entreprise, même si c'est au niveau des PME qu'elle est la plus efficace.

15 critères sont passés en revue et notés chacun de 0 à 5 :

— <u>Secteur d'activité</u> : certains secteurs sont plus porteurs que d'autres, c'est évident ! Plus le secteur est porteur, plus la notation est élevée. Être porteur ne veut pas dire faire fantasmer. Être porteur signifie qu'un véritable marché existe et se développe... Un secteur en déclin comme le papier ou l'affranchissement sera ainsi noté 0 ou 1. Un secteur comme le luxe sera noté 4 ou 5.

— <u>Position sur le secteur</u> : une position de leader ou de conquérant de parts de marché sera évidemment mieux notée. Mais l'on tiendra également compte de la solidité du positionnement.

— <u>Ambitions sur le positionnement sectoriel</u> : une société cherchant à conquérir des parts de marché ou à créer une niche qui lui est propre sur un marché sera mieux notée sur ce critère.

— <u>Historique du management</u> : on notera ici la qualité, le sérieux, le respect des prévisions passées. Dont on peut se rendre compte en examinant l'historique des informations et prévisions fournies par la société étudiée.

– <u>Diversification géographique</u> : plus les débouchés à l'étranger sont importants, meilleure sera la note.

– <u>Diversification des débouchés</u> : ici sera notée la diversification des produits et services commercialisés. Que ce soient des produits différents ou différentes gammes d'une même ligne de produit.

– <u>Croissance de l'activité N-5/N</u> : on notera ici la croissance du chiffre d'affaires au cours des 5 derniers exercices. Tant la régularité de cette croissance que son taux. Une croissance régulière à deux chiffres chaque année ira chercher la note maximale.

– <u>Croissance estimée de l'activité N/N+5</u> : en fonction des plans de développement mis en place, en fonction des objectifs, on estimera la croissance du chiffre d'affaires pour les 5 années à venir.

– <u>Structure fondamentale</u> : on notera ici d'une part le niveau des marges (marge d'exploitation, marge nette essentiellement) par rapport à la concurrence, et aussi si la structure est pyramidale (résultat net augmentant plus vite que le résultat d'exploitation augmentant plus vite que le chiffre d'affaires).

– <u>Politique de dividende</u> : on notera le niveau et la récurrence du dividende... ou son absence. Il est stupide de penser qu'une société en développement ne doit pas distribuer de dividende. Quel que soit le développement d'une société, s'il lui reste du cash dans la caisse, c'est un gage de respect de l'actionnaire que de lui faire revenir une partie de ce cash.

– <u>Structure financière</u> : on s'intéressera au niveau de la
dette mais aussi à la trésorerie ainsi qu'à l'évolution des
capitaux propres.

– <u>Maîtrise de l'endettement</u> : on notera l'évolution de la
dette par rapport à la croissance et/ou à l'activité, ainsi
que la capacité de l'entreprise à faire face à ses dettes.

– <u>Détention d'actifs à forte valorisation</u> : on notera la posses-
sion par la société de filiales ou d'autres actifs (immeubles
par exemple) fortement valorisables s'ils venaient à être dé-
tachés ou cédés.

– <u>Part de rêve véhiculée</u> : ce critère atypique et subjectif
est crucial en bourse. Il permet de noter les espoirs et les
rêves que le marché place en une entreprise ou peut y placer en fonction de la réussite à venir. Des produits très
innovants ou des secteurs comme les technologies médi-
cales font par exemple rêver les investisseurs.

– <u>Qualité de la communication financière</u> : on appréciera
la précision, la régularité et la transparence de la communication, en particulier financière, de l'entreprise.

Chacun de ces 15 critères est noté de 0 à 5 en note entière.

On obtient au final une note sur 75 que l'on divise alors
par 15. En arrondissant à la décimale supérieure, on obtiendra une notation sur 5.

Toute note inférieure à 2,5 est une note médiocre qui nécessite des ajustements d'ampleur dans le management
et/ou dans la stratégie.

Une note de 3,0 est une bonne note.

Une note de 3,5 est une très bonne note.

Une note de 4,0 est une excellente note.

Plus la note est élevée, plus un PER ou un ratio VE/REX élevé se justifie.

Pour un secteur « normal » (SSII, industrie, services, etc.), la correspondance entre notation et PER normatif est la suivante :

NOTATION 2,5 = PER 10

NOTATION 3 = PER 13

NOTATION 3,5 = PER 16

NOTATION 4 = PER 19

NOTATION 4,5 = PER 22

NOTATION > 4,8 = PER > 25

Le PER retenu sera celui (estimatif) de l'exercice en cours.

Attention, cette méthode n'est qu'indicative, et chacun pourra créer la sienne et l'expérimenter en la confrontant au marché !

DEUXIÈME PARTIE

L'ANALYSE TECHNIQUE

CHAPITRE 1

PRINCIPES GÉNÉRAUX

Les fondamentaux d'une entreprise demeureront toujours la cause essentielle de la hausse ou de la baisse de cette entreprise en bourse, sur une longue période.

Ceci dit, à plus court terme, les traders qui animent les salles de marché regardent de moins en moins les fondamentaux et se penchent sur d'autres méthodes d'analyse du cours des actions, issues des mathématiques, des statistiques et de l'informatique. Ces différentes méthodes sont regroupées sous l'expression « analyse technique », ou « graphique » ou « chartiste ».

Faire de l'analyse graphique revient à considérer que le marché est porteur de toute l'information nécessaire pour anticiper ses évolutions futures. Le cours des actions possède une mémoire et les évolutions à venir dépendent des évolutions passées. Voilà le principe de base à bien retenir. Qui revient d'ailleurs à considérer que le marché a toujours raison.

L'analyse graphique permet de mettre en évidence les comportements psychosociologiques de la communauté des investisseurs :

– comportements de panique : augmentation quotidienne des volumes d'échange avec baisse des cours ;

– comportements d'espoir : augmentation des volumes avec hausse des cours ;

– comportements d'attentisme : faiblesse des volumes avec variation aléatoire des cours.

À partir de ces 3 notions, on peut déjà utiliser l'analyse technique. Il ne faut surtout pas en faire un dogme car celui-ci serait trompeur. Ainsi, en 2003 et en 2009, lorsque le CAC 40 était très bas, vers les 2 500 points, la plupart des chartistes prédisaient que le CAC 40 baisserait vers 1 700 points. Cela en raison d'une certaine tendance qu'ont les chartistes de prolonger les courbes à l'infini : si ça baisse, ça baissera toujours, et si ça monte, ça montera toujours.

Aujourd'hui, l'analyse chartiste devient en elle-même tout un univers qui nécessiterait d'y consacrer plusieurs volumes d'un livre qui ne se terminerait pas, tant les méthodes changent, s'étoffent et progressent d'année en année. Les traders, je le répète, privilégient largement cet outil à l'analyse fondamentale.

Encore une fois, si vous vous sentez réfractaire à ce type de méthode, surtout ne pratiquez pas le trading.

Il y a deux grands versants de l'analyse graphique : l'étude des figures et l'étude des indicateurs.

Étudier une figure revient à observer comment les cours de bourse se sont comportés dans le passé, et à partir de là, à anticiper la manière dont ils vont se comporter dans le futur. La culture japonaise est remplie d'études de figures et c'est d'ailleurs pour cela que la plupart portent des noms japonais.

Étudier un indicateur revient à quelque chose de plus mathématique, de plus scientifique, plus rigoureux que l'étude d'une figure qui pourrait presque relever du domaine artistique ! Un indicateur est une formule mathématique, souvent complexe, qui permet de prédire ou du moins de tenter de prédire la suite grâce aux orientations prises par cet indicateur.

Les deux chapitres suivants seront consacrés, l'un aux figures, et l'autre aux indicateurs. En sachant que dans ce livre qui ne prétend pas à être exhaustif, nous n'allons considérer que des éléments importants.

Il est d'ailleurs à noter, avant de commencer, qu'on peut étudier les graphiques sous forme de courbes ou sous forme de chandeliers japonais. Les courbes permettent de joindre tous les cours de clôture d'une séance à l'autre mais ne donnent pas d'information sur ce qui s'est passé pendant la séance. Les chandeliers japonais donnent cette information. Un chandelier japonais s'appelle aussi bougie (c'est strictement synonyme).

Selon Wikipédia :

L'évolution pendant une période élémentaire (la journée dans notre cas) est représentée par une bougie. Celle-ci est constituée ainsi :

• un rectangle vertical, de largeur fixe, joint le cours d'ouverture au cours de fermeture ; il est coloré en noir (ou en rouge) si le cours de clôture est inférieur au cours d'ouverture, en blanc (ou en vert) dans le cas contraire ;

• un trait fin vertical joint le cours le plus haut avec le sommet du rectangle (niveau de l'ouverture pour une bougie baissière, la clôture pour une haussière) ;

• un trait fin vertical joint le cours le plus bas avec la base du rectangle (niveau de la clôture pour une bougie baissière, l'ouverture pour une haussière).

Le rectangle est le corps de la bougie et les deux traits aux extrémités sont les mèches ou les ombres. Un chandelier est défini comme un ensemble de bougies, et ce mot peut désigner aussi une seule bougie.

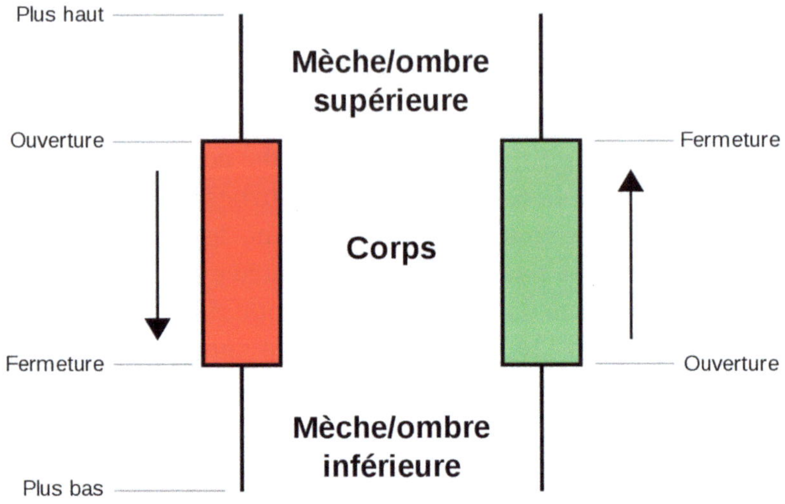

On utilise souvent les chandeliers japonais pour décortiquer une séance de bourse. Mais on peut aussi former des bougies pour d'autres périodes : année, mois, semaine, heure, minute, etc.

Si on prend la notion de chandelier journalier, on a une vision différente de celle qu'on obtient avec les courbes.

Regardons le CAC 40 entre janvier 2023 et janvier 2024 selon les deux approches :

– Par la courbe :

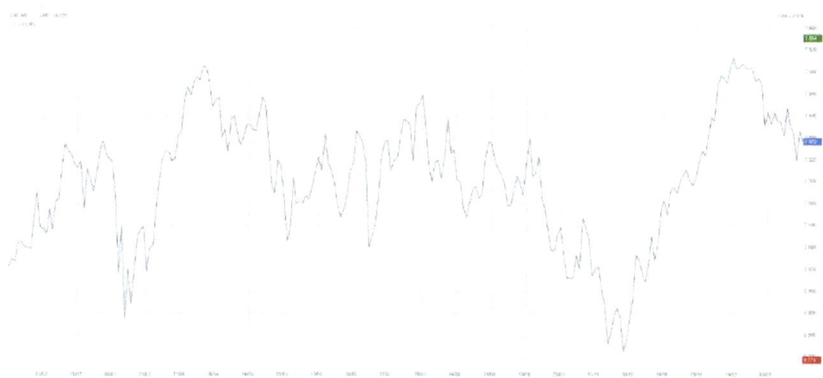

– Par les chandeliers japonais :

Ce dernier graphique est porteur de plus d'informations,
on le voit nettement car on se rend compte, par exemple,
des périodes où la volatilité a été plus élevée (c'est là que
les bougies ont été les plus longues). Ce sont très souvent
les périodes de baisse qui sont les plus volatiles, car les
investisseurs sont plus nerveux.

Sur du très long terme, on se réfère aux courbes, mais **plus les périodes étudiées sont courtes, plus la pertinence des chandeliers augmente.**

Il est à noter que la comparaison des chandeliers journaliers permet de mettre en évidence des gaps : zone de non-cotation entre deux chandeliers consécutifs. Et la théorie veut qu'un gap, haussier ou baissier, soit refermé un jour, mais il faut savoir qu'il existe des milliers de gaps ouverts depuis des décennies. Le Dow Jones en regorge par exemple. Il se peut aussi qu'un gap donne une forte indication d'un mouvement à venir. Donc un mouvement de baisse pour un gap baissier.

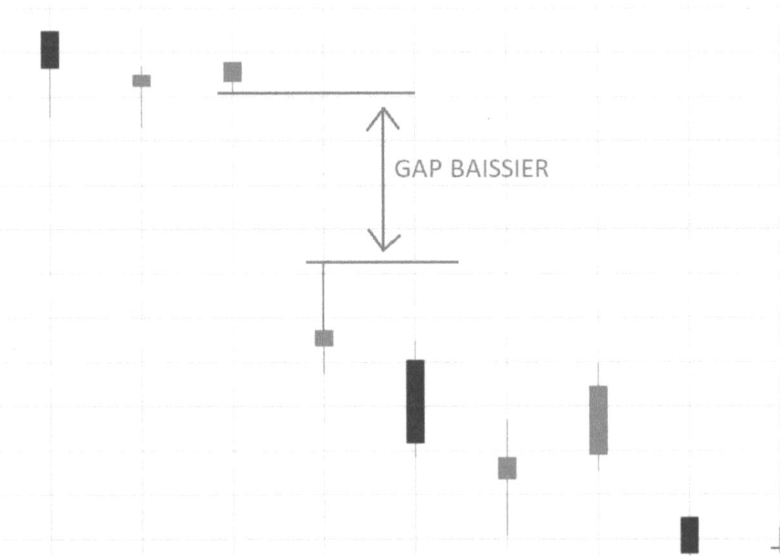

CHAPITRE 2

LES FIGURES CHARTISTES

Observer une figure, c'est observer le comportement des cours de bourse passés d'une action ou d'un indice dans son ensemble, sur une période de temps assez longue, et c'est surtout observer ce qui est mis en évidence.

Les figures chartistes sont difficilement repérables avant qu'elles ne se réalisent. **Cependant, l'utilisation importante du chartisme par la communauté des traders leur donne un certain pouvoir d'autoréalisation. Il est donc nécessaire aujourd'hui de tenir compte de l'apparition de telles figures lorsqu'on fait du trading ou même du boursicotage. Et il faut être capable de les repérer au premier coup d'œil.**

Il existe des figures plus fantaisistes et insaisissables les unes que les autres, mais nous allons ici nous contenter de la base importante à connaître. Vous trouverez des figures chartistes bien plus abondantes sur de nombreux sites internet, y compris en consultation gratuite.

Nous allons nous limiter ici aux canaux de tendance, aux biseaux, aux triangles, aux double top/double bottom, et aux diamants, qui constituent **des figures de base que tout boursicoteur doit connaître, que tout trader doit repérer au premier coup d'œil et qui peuvent même aider un rentier à optimiser ses cours d'achat sur ses valeurs de rendement. Tous les styles précédemment énumérés sont ici concernés, même la gestion déléguée : en effet, si vous observez un indice sur le très long terme, il vaut mieux dire à votre banquier que vous voulez rentrer dans un fonds lorsque le marché est sur un creux que lorsqu'il est sur un pic !**

– <u>Les canaux de tendance</u>

Un canal de tendance est une sorte de corridor formé de deux droites parallèles entre lesquelles le cours d'une action ou d'un indice évolue pendant une période donnée. Aucun canal n'est éternel, et justement une sortie de canal est quelque chose à prendre en compte.

On distingue deux types de canaux de tendance : le canal ascendant et le canal descendant. Le canal de tendance est formé par une droite de support et une droite de résistance parallèles.

La droite de résistance est liée aux hausses du cours tandis que la droite de support est liée aux baisses du cours. Plus les droites de résistance et de support sont touchées par le cours, sans jamais être franchies, plus elles sont renforcées.

Et si elles sont franchies, on peut soit avoir alors une sortie du canal de tendance et donc une invalidation de ce dernier, soit au contraire, si le canal est réintégré, une validation de celui-ci après qu'il a été éprouvé.

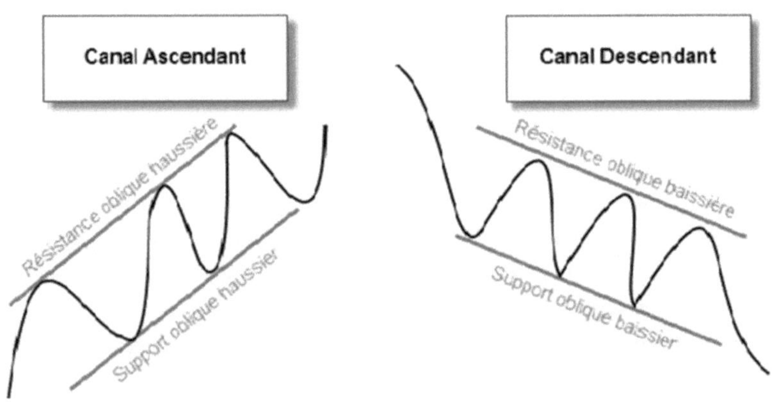

L'utilisation d'un canal de tendance est intuitive : on achètera au niveau de la droite de support et on vendra au niveau de la droite de résistance. On peut également vendre à découvert au niveau de la droite de résistance et racheter au niveau de la droite de support quand on pratique la vente à découvert (non recommandée).

Il arrive fréquemment qu'un cours de bourse ne soit pas inclus dans un canal de tendance mais dans deux voire plus. Dans ce cas, il y a forcément à un moment une confrontation de ces canaux de tendance. Il peut par exemple y avoir un canal haussier de long terme et un canal baissier de court terme.

Prenons l'exemple de l'action Saint-Gobain sur un an (graphique à mi-septembre 2019) :

On observe clairement sur ce graphique un canal haussier de long terme et un canal baissier de court terme. Le titre a d'ailleurs rebondi, début septembre, sur le support de l'un et l'autre des canaux qui se sont alors croisés. Il demeure inclus dans les deux canaux à mi-septembre mais devra choisir sa voie par la suite car le support du canal haussier arrive désormais au-dessus du support du canal baissier. Il est clair qu'il y avait un vrai signal d'achat au niveau de la flèche.

Pour corser les choses, il arrive qu'une action (ou un indice) sorte d'un canal de tendance à un moment donné et pourtant le réintègre. En fait, une sortie, par le bas ou par le haut, n'est pas forcément définitive. Mais plus elle dure, moins probable sera la réintégration.

Ce dont je me suis aperçu après 22 ans d'observation empirique, c'est que l'ancienneté du canal compte aussi. **La notion de durée de sortie du canal est un élément à considérer.**

Donc, il y a un ratio à calculer !

Le ratio de la durée de sortie par rapport à la durée d'ancienneté du canal au moment de la sortie.

Prenons 2 exemples actuels :

– Le titre Beneteau était sorti de son canal haussier en octobre 2023 et a réintégré ce canal mi-décembre. Le titre est donc resté hors de son canal pendant 2 mois et le canal avait 43 mois d'ancienneté au moment de la sortie. Le ratio est donc de 2/43 soit 4,5 %. Un ratio assez faible qui montre que la réintégration qui a eu lieu est tout à fait probante. Donc le canal en question peut encore être prédictif.

– Le titre Solutions 30 était sorti de son canal haussier pendant 3 mois et ce canal avait à l'époque 9 mois d'existence. Donc le ratio de durée de sortie est de 1/3 soit 33 %. Autrement dit, ce canal n'est plus probant : le titre est resté trop longtemps à l'extérieur. Si jamais il repassait au-dessus du support, le canal en question ne serait pas prédictif et il faudrait chercher un autre canal...

– <u>Les biseaux</u>

Un biseau est un canal dont les droites ne sont pas parallèles, ce qui signifie que le cours de l'action ou de l'indice qui est dans le biseau doit forcément en sortir un jour.

Les biseaux peuvent être des biseaux de resserrement ou d'élargissement. Et ils peuvent être haussiers ou baissiers.

Prenons un biseau de resserrement baissier. Qui ressemble à cela :

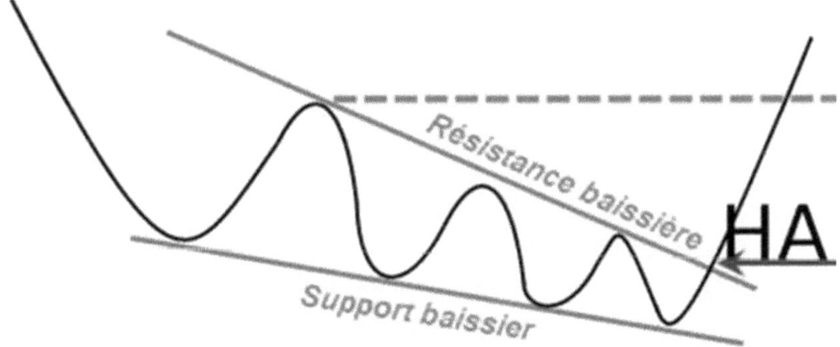

Il peut durer des années, et dans ce cas, ceux qui achètent sur le support ont intérêt à revendre rapidement dès que le titre en question monte !

Le biseau, contrairement au canal, ne se caractérise pas par des droites parallèles mais par des droites qui se rapprochent, dans la même direction, celle de la baisse.

Forcément, ces droites ont vocation à se croiser et en fait, plus on approche de la sortie, plus la probabilité d'une hausse augmente, car la plupart du temps, la fin d'un tel biseau se fait par le haut.

Ainsi, le franchissement de la résistance est un signal d'achat surtout s'il se réalise en fin de biseau.

Lorsque les droites s'écartent au lieu de se resserrer, nous avons affaire à un biseau d'élargissement. Et dans le cas où il est baissier, il est formé par les oscillations comprises entre deux droites de tendance baissière divergentes :

– Une droite de support oblique baissière
– Une droite de résistance oblique baissière

Et les deux droites s'écartent au fur et à mesure du temps. Les volumes n'ont pas de niveau précis à l'intérieur de la figure mais on remarque une augmentation de ces derniers au moment de la cassure de la résistance. Mais le biseau peut durer et les cours peuvent aussi fluctuer à l'intérieur du biseau.

Dans ce cas, on peut acheter sur le support pour viser la résistance, surtout lorsque l'écart entre les deux devient important !

En voici un exemple (réel) :

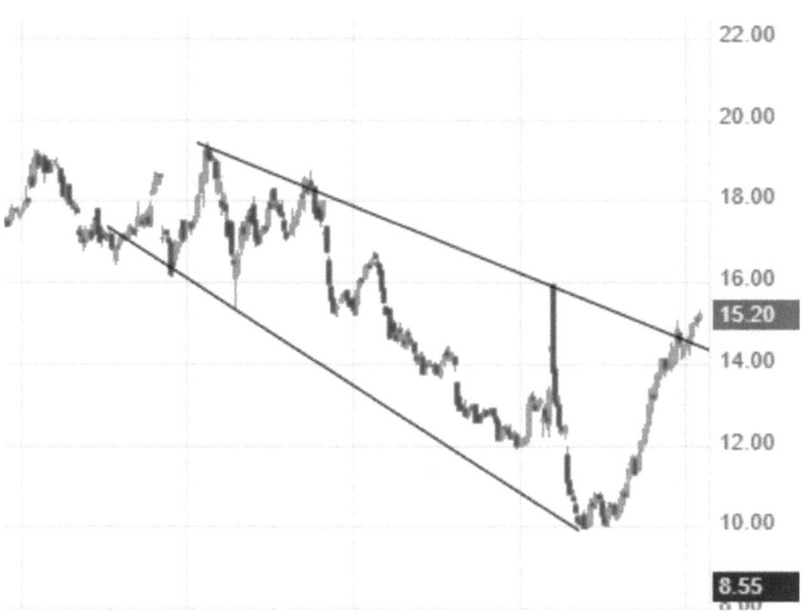

– <u>Les triangles</u>

Le triangle est un graphique qui montre des variations d'un titre ou indice sous une forme de triangle. On distingue les triangles ascendants, les triangles descendants, et les triangles symétriques.

Le triangle ascendant traduit la continuation de la hausse d'un cours. C'est à partir d'un support haussier et d'une résistance horizontale que l'on matérialise le triangle ascendant. Généralement, les volumes sont faibles lors de l'apparition d'un triangle ascendant et atteignent un niveau élevé lorsque la résistance horizontale est percée. C'est lorsque les cours sortent du triangle par le haut que le signal d'achat est donné. Avec comme objectif la parallèle au support ascendant.

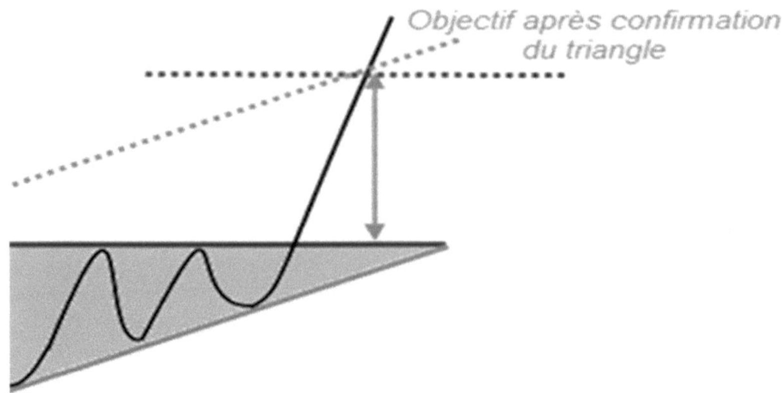

Le triangle descendant, c'est exactement l'inverse :

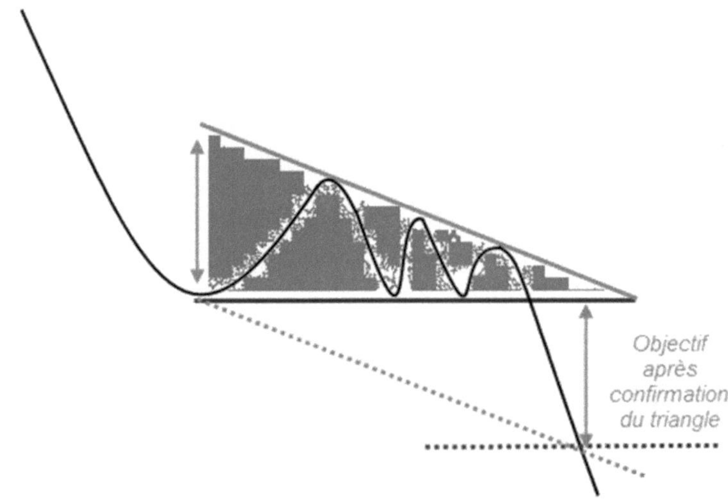

Quant au triangle symétrique, il est beaucoup plus rare, plus difficile à interpréter et peut occasionner une sortie par le haut ou par le bas.

– **<u>Les diamants</u>**

Un diamant est une figure chartiste de retournement de tendance. Elle est composée de deux triangles, symétriques, qui se suivent. C'est la forme de losange de ces deux triangles juxtaposés qui donne son nom de diamant à cette figure.

Les diamants de sommet, souvent précédés d'une tendance haussière, annoncent la fin de cette tendance et le retournement à la baisse.

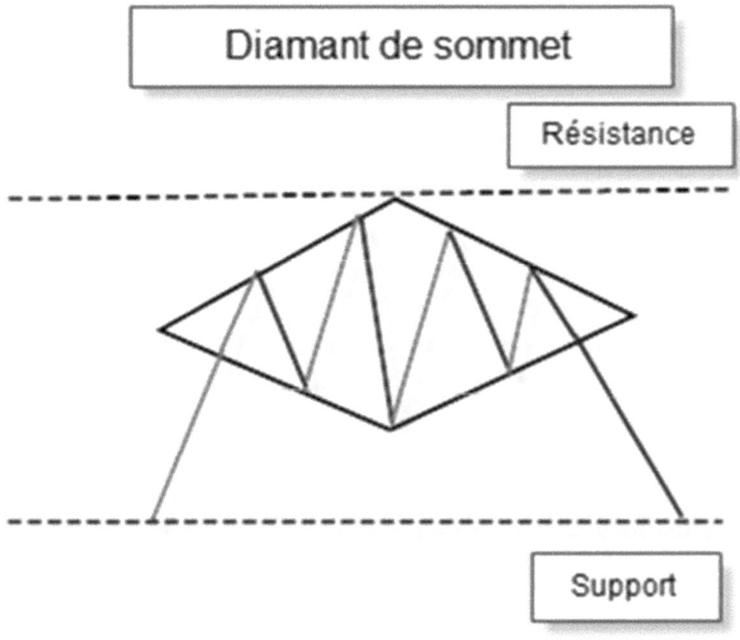

Les diamants de creux, plus rares (20 % des diamants contre 80 % pour les diamants de sommet), annoncent une très probable forte hausse des cours en cas de sortie du diamant.

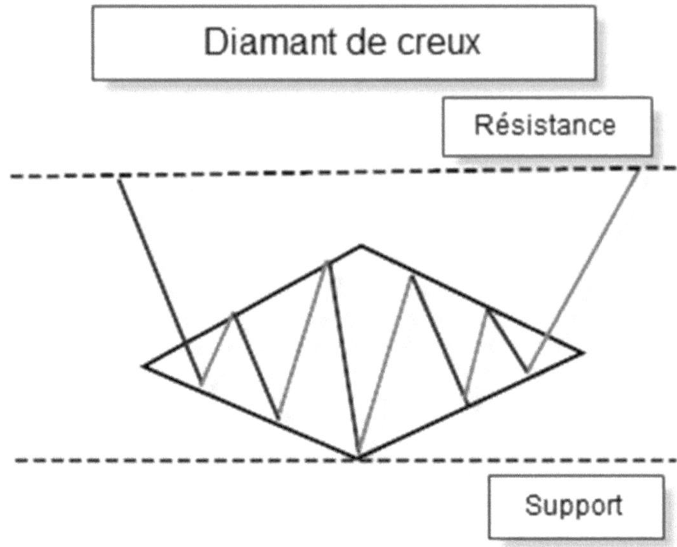

– <u>Les double top et double bottom</u>

Les double top et double bottom, qu'on nomme aussi respectivement les M et les W (par comparaison aux lettres de l'alphabet auxquelles ces figures ressemblent), sont des bases importantes de l'analyse graphique, que ce soit sur une très courte ou sur une très longue période.

Un double bottom, tout comme le double top, est une figure chartiste qui annonce un retournement de tendance. En général, un double bottom se crée dans le cadre d'une tendance baissière et marque donc sa fin ainsi qu'un retour du mouvement haussier. C'est l'inverse pour le double top.

Un double bottom est matérialisé par deux points bas, butant l'un après l'autre à peu près sur une droite de support horizontale. Un plus haut va se former grâce au sommet de la figure. C'est ce qui forme la ligne de cou. C'est exactement l'inverse pour le double top. Un double bottom est un signal d'achat. Avec un premier objectif vers la ligne de cou et un deuxième objectif vers le point de départ de la figure.

<u>**CAS PRATIQUE**</u>

Prenons l'exemple de l'action MERSEN dont il a été question dans notre première partie sur l'analyse fondamentale.

Le 26 janvier 2024, jour de l'annonce des résultats (voir chapitre 1 de la partie 1), le titre a bondi de 10 %. Ainsi, une figure en double bottom a émergé, même si la temporalité n'est pas parfaite, mais il faut savoir que la réalisation d'une figure chartiste n'est jamais vraiment parfaite.

On voit bien le début de rebond initié sur le support horizontal, ce qui constitue un signal d'achat.

À l'inverse des double bottoms, les double tops, qui ressemblent à des M, sont des figures baissières car un cours de bourse bute par deux fois sur une même résistance avant d'entamer une baisse. Là aussi, on a une ligne de cou qui représente un support intermédiaire qui, s'il est cassé à la baisse, libère un potentiel baissier.

Une figure chartiste peut comporter à la fois des double tops et des double bottoms, donc des W et des M qu'il faut savoir identifier et qui s'enchaînent. Une fois de plus, rappelons que la précision extrême n'existe pas en la matière ! La figure suivante montre l'enchaînement d'un double bottom (signal d'achat) puis d'un double top (signal de vente) puis d'un double bottom (signal d'achat).

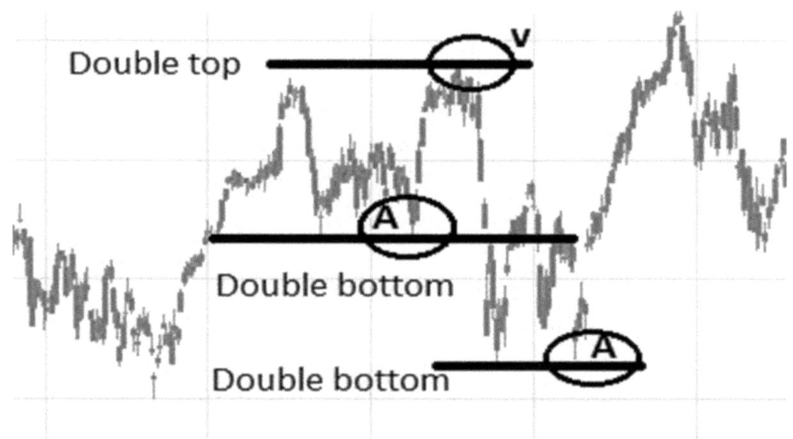

Il est à noter que la capacité prédictive de ces figures n'est pas absolue. Ce n'est pas parce qu'un titre fait un double top qu'il va forcément baisser. Cela accroît seulement sa probabilité de baisser. Idem pour le double bottom.

CHAPITRE 3

LES INDICATEURS

Tandis que l'étude des figures relève du coup d'œil, celle des indicateurs a quelque chose de beaucoup plus rationnel. Les indicateurs sont des outils mathématico-statistiques, dont le trader ou même le boursicoteur n'a pas à se préoccuper de la formule mathématique (heureusement !) mais qu'il doit savoir utiliser pour optimiser ses achats et ventes. Concernant le rentier, autant l'étude des figures peut lui apporter un plus significatif, autant les indicateurs ne le concerneront pas, quitte au contraire à l'embrouiller.

Il existe de très nombreux indicateurs (certains livres américains qui se veulent exhaustifs en recensent plus de 130), et il y en a régulièrement de nouveaux, comme le Vortex par exemple, par lequel nous allons commencer, tandis que nous allons dérouler une liste de ceux qui me paraissent les plus intéressants. À titre anecdotique, même les phases de lune constituent un indicateur ! Certains traders achètent par exemple lorsque c'est la pleine lune et vendent lorsque c'est la lune creuse. Toujours à titre anecdotique, voici ce que donnent les phases de lune corrélées au CAC 40 sur une année :

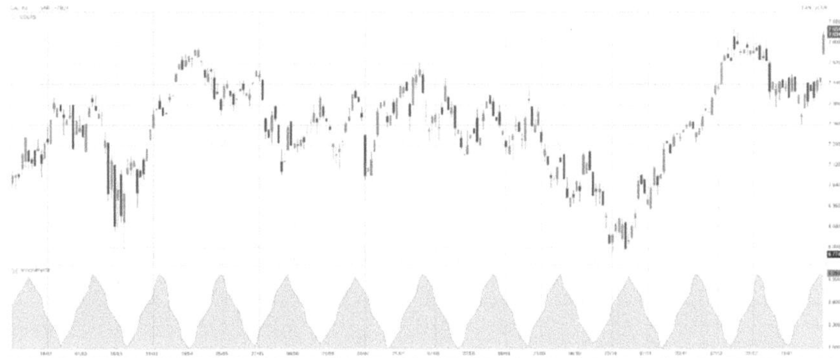

Mais cette liste n'est nullement exhaustive, elle ne donne qu'un petit aperçu des très nombreux indicateurs qui existent. Voici donc ceux que je retiens.

– Le VORTEX

Le nom est bien choisi, il évoque l'astronomie, la métaphysique et les plus grands mystères de notre univers non encore percés par la science.
Pourtant, c'est un indicateur très simple.
Vous avez 2 courbes : une courbe verte qui montre la pression acheteuse et une courbe rouge qui montre la pression vendeuse.
Quand la courbe verte passe au-dessus de la courbe rouge, c'est un signal d'achat, et quand c'est l'inverse, c'est un signal de vente.
Lorsque les courbes sont très écartées, par exemple si la rouge est bien au-dessus de la verte, c'est que les baissiers sont très dominants.
On peut chercher des signaux d'achat secondaires aussi lorsque les courbes commencent à s'infléchir et à aller l'une vers l'autre.

En fait, l'idée est de voir à l'œil nu quelle est la dynamique de la pression acheteuse et de la pression vendeuse. Pour se montrer audacieux, on pourra tenter d'anticiper le croisement plutôt que de l'attendre. Ainsi, quand la pression vendeuse baisse, même si la pression acheteuse ne monte pas, cela peut être un signe à observer.

On remarque, avec l'utilisation de cet indicateur, sur le graphique ATOS, que sa réussite est à géométrie variable (A : signal d'achat ; V : signal de vente). Et surtout, si vous voulez l'utiliser, il ne faut pas attendre le signal d'achat lorsque vous avez initié une position vendeuse, ni l'inverse. Il faut tout simplement se fixer un seuil de gains, à 5 % ou 10 % par exemple, et s'y tenir.

Peu utilisé des traders, cet indicateur intéressera plus les boursicoteurs.

– <u>LE RSI</u>

Le RSI est un indicateur de type oscillateur, compris entre 0 et 100. En fait, entre 0 % et 100 %. C'est un indicateur technique très simple, que vous trouverez sur tous les sites de bourse en paramétrant vos graphiques. Je n'entrerai pas dans les détails mathématiques de son calcul, mais il faut savoir qu'on considère qu'en dessous de 25, le titre étudié est survendu, autrement dit qu'il y a trop de vendeurs et qu'il devrait rebondir (c'est le moment d'acheter). Inversement, au-dessus de 75, il est suracheté et il y a trop d'acheteurs. Il faut donc vendre.

Lorsqu'on fait une étude dynamique du graphique d'une action, il est intéressant de placer le RSI en dessous du graphique et d'observer les tendances en parallèle. Le RSI, comme le cours de bourse, peut avoir un support horizontal, sur lequel il a précédemment rebondi à de nombreuses reprises.

Il peut être très intéressant de passer à l'achat sur un titre qui arrive sur un support (canal de tendance par exemple) tandis qu'en parallèle le RSI s'approche de la zone de survente (sous les 25 %). L'exemple suivant concerne le titre Imerys. Un important signal d'achat a été donné par le graphique suivant où on observe bien un RSI (en bas du graphique) et un canal de tendance (en haut) donnant tous deux le même signal acheteur :

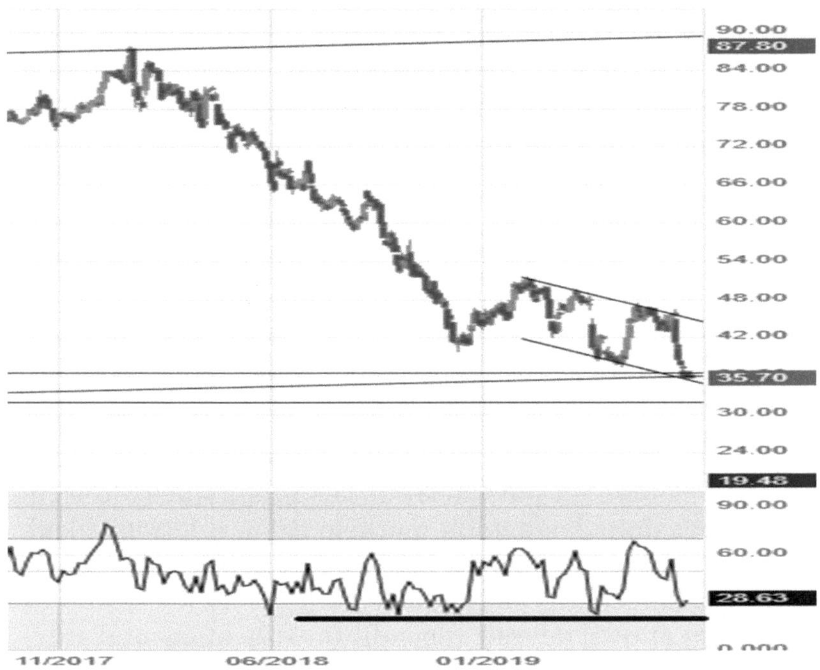

– <u>Les ratios de Fibonacci</u>

Les ratios de Fibonacci se réfèrent à une série de chiffres (1, 2, 3, 5, 8, 13, 21, 34, 55, 89, 144…) censés décrire les proportions naturelles de l'univers. Or la Bourse faisant partie de l'univers, les analystes graphiques, et en particulier les fans des vagues d'Eliott (eliottistes) les ont intégrés à leurs théories.

Les ratios s'obtiennent en divisant un nombre premier par le nombre premier suivant.

Par exemple 1/2 = 50 % puis 2/3 = 66,6 % puis 3/5 = 60 %.

Après 89, on obtient systématiquement 0,618. En divisant un nombre premier par le nombre premier précédent, nous obtenons aussi 1,618 (après 144). Ces ratios font référence au nombre d'or.

Un ratio de retracement est un ratio qui indique, après un plus haut atteint sur une action ou un indice, jusqu'où le mouvement de correction peut aller. Désignant ainsi un support. Il y aura autant de supports que de ratios de retracement.

Les ratios de retracement sont : 0,236 (soit une baisse égale à 23,6 % du mouvement haussier qu'il faut retracer), 0,382, 0,50, 0,618, 0,764.

En général, le marché ne s'arrête pas exactement sur ces ratios mais autour.

Les ratios d'extension indiquent quant à eux, après un plus haut ou un plus bas historique, jusqu'où le mouvement pourrait aller.

Ces ratios sont : 0, 0,382, 0,618, 1,0, 1,382, 1,618, 2.

Il sera très important à chaque utilisation de préciser les cours pivots, c'est-à-dire les plus hauts ou les plus bas à partir desquels on fait l'analyse. Donc quelle vague haussière ou baissière on traitera.

À titre d'exemple, prenons le cours du pétrole (Brent) qui montre un parfait exemple d'utilisation.

Après avoir touché un plus bas à 27,1 $ le 22 janvier 2016, il a touché un plus haut à 88,86 $ en septembre 2018. Cela correspond à 61,76 $ de hausse. Le pétrole a subi une vraie phase de correction fin 2018. Les 50 % de Fibonacci ont été enfoncés... Alors le ratio suivant était à 61,8 %. Or 61,8 % de 61,76 $ de hausse, cela fait 38,16 $ de baisse, soit un support à 88,86 − 38,16 = 50,7 $.

C'est exactement le niveau qui a été touché et sur lequel le pétrole a rebondi.

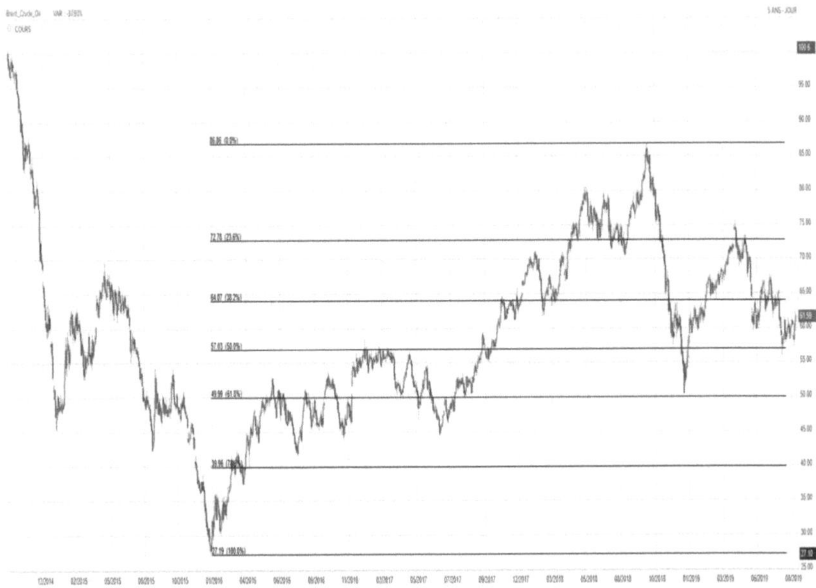

On ne peut jamais savoir si le ratio sur lequel se pose un titre ou un indice sera le bon. Mais on peut tenter un achat sur le niveau correspondant à ce support de Fibonacci, et ensuite vendre à perte si le support en question est enfoncé, pour racheter sur le support suivant.

– <u>Les moyennes mobiles</u>

En mathématique, on définit les moyennes mobiles comme une moyenne statistique que l'on utilise pour l'analyse d'une série de données dans un temps donné. On supprime les fluctuations transitoires de façon à définir une tendance globale.

Pour ce qui est du cours d'une action ou d'un indice, la moyenne mobile à 20 jours signifie qu'on fait la moyenne des 20 derniers jours, et on voit comment elle évolue. Si elle est haussière, il faudra alors surveiller le moment où le cours de l'action (ou indice) se met à baisser et passera en dessous. On dit alors que la MM20 est cassée à la baisse, ce qui donne un signal négatif pour la suite.

Les moyennes mobiles les plus fréquemment utilisées sont les MM7, MM20, MM50, MM100, MM200. Plus on utilise des MM longues, plus on s'intéressera au long terme.

À l'inverse, sur une action qui baisse, la MM est alors baissière et tout passage au-dessus est un signal d'achat.

Cet outil est largement utilisé, mais sa fiabilité n'est que relative, car il existe autant de moyennes mobiles que l'on souhaite, puisqu'on peut en calculer à la minute (très utile pour les scalpers).

On peut aussi confronter les moyennes mobiles entre elles. Le plus souvent, on confronte la MM20 et la MM50. Quand la MM20 vient couper la MM50 pour dépasser cette dernière, le cours entame un cycle de hausse. À l'inverse, lorsque la MM20 passe en dessous de la MM50, une période de baisse s'annonce.

– <u>LE VIX</u>

Le VIX n'est pas tant un indicateur à appliquer au cours d'une action qu'au marché dans son ensemble. C'est un indicateur très utile qui permet de se rendre compte de l'ambiance et de l'incertitude. Intéressant donc pour analyser l'évolution des indices boursiers.

Même ceux qui pratiquent de l'analyse fondamentale peuvent l'utiliser car on sait que la Bourse déteste l'incertitude. Or le VIX donne l'état de cette incertitude globale. Et on sait qu'en période d'incertitude, les ratios de valorisation sont plus bas.

L'indicateur VIX, mis à jour en 1993 par le CBOE (Chicago Board Options Exchange), mesure la volatilité du marché financier américain en se basant sur le S&P 500. Il est calculé tous les jours par le CBOE. Cet indicateur rencontre un fort succès aux USA, où il est même possible de le trader.

Les Anglo-Saxons appellent le VIX « the fear index », ou « indice de la peur » en français. Sa mesure de la volatilité se traduit en fait par une mesure de la nervosité des marchés. En effet, s'il est à la base développé comme un indicateur, on peut maintenant parler d'un indice à part entière.

Le VIX est coté en points de pourcentage. Il est censé traduire approximativement les variations du S&P 500 sur une période de 30 jours à venir, qui est ensuite annualisée.

En analysant l'historique du VIX, on peut déceler que :

– Entre 12 et 15, on peut dire que le marché est complaisant, avec une faible volatilité, tout reste analysé sur un prisme optimiste.

– Entre 15 et 18, on reste optimiste mais pas forcément complaisant et encore moins euphorique. Le VIX peut être sur de tels niveaux alors que le marché corrige une période de hausse.

– Entre 18 et 22, on entre en zone de vigilance. Le marché devient méfiant. Il analyse et scrute tout sans être à ce stade pessimiste. La volatilité peut s'accroître.

– Entre 22 et 28, on est en zone d'alerte. Les investisseurs deviennent fébriles et toute mauvaise nouvelle peut déclencher une forte correction.

– Entre 28 et 40, on est en zone de forte alerte. Il faut protéger les portefeuilles car un krach n'est pas à exclure.

– Au-dessus de 40, c'est la panique et les protections sont indispensables.

Bien sûr, analyser le VIX, c'est comme analyser une action. Il y a des tendances à mettre en avant. Et ces tendances sont haussières ou baissières.
Quand le VIX est haussier et franchit les étapes ci-dessus mentionnées, c'est que quelque chose de négatif se passe sur le marché.

S'il sort d'un canal baissier par le haut, c'est qu'il y a regain d'incertitude, et cela pourrait être le cas actuellement.

Le plus important avec cet Indice, ce n'est pas le niveau auquel il est, mais sa variation. Ce sont bien les variations qui nous indiquent l'évolution du moral des intervenants sur le marché : quand ils sont pessimistes, le VIX monte, et quand ils sont optimistes, le VIX baisse.

– **<u>Le SAR</u>**

LE SAR (Stop and Reversal), ou système parabolique, est un indicateur qui permet d'attraper de nouvelles tendances relativement tôt. Au cas où la nouvelle tendance échoue, la parabole commute rapidement d'un côté à l'autre, ce qui donne un signal d'annulation du signal précédent.

Comme avec la plupart des indicateurs de tendance, le SAR parabolique se comporte bien mieux dans un marché de tendance que dans un marché hésitant.

Un signal d'achat est donné quand la parabole est sous les prix, et un signal de vente est donné quand il est dessus. Sur le graphique, là encore, la plupart des configurateurs gratuits en ligne permettent de faire apparaître le SAR. Il faut, pour cela, exclusivement se servir des bougies japonaises. L'utilisation est très intuitive : si le SAR est au-dessus de la bougie, la tendance est baissière ; s'il est en dessous, elle est haussière. Un changement de tendance peut être alors observé facilement.

Prenons un exemple avec l'action ATOS étudiée en chandeliers journaliers, entre août et novembre 2023. Une action très volatile. Voici ce que donne l'utilisation du SAR :

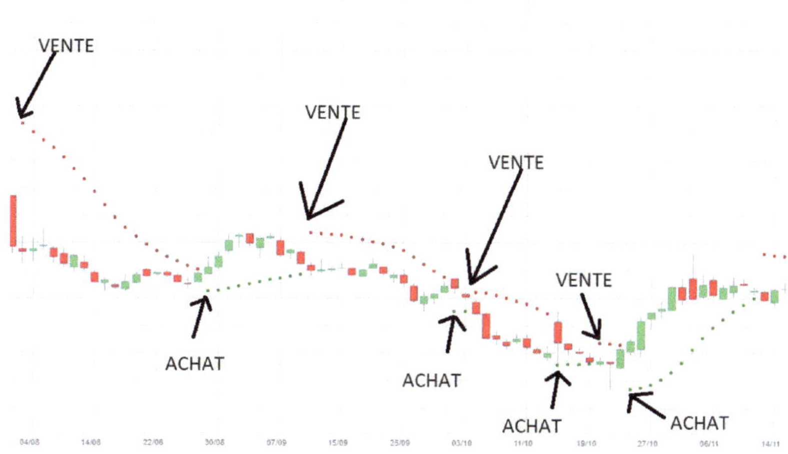

On y voit une versatilité importante, avec de bons signaux d'achat et de vente, mais aussi de moins bons ! En fait, pour un boursicoteur, la situation devient vite insupportable, et s'adapte bien plus aux traders.

Il est à noter que pour les traders, tous les indicateurs ci-dessus peuvent être appliqués sur de très courtes périodes comme la journée, afin de trouver des signaux d'achat et de vente, et à l'intérieur d'une journée, il y en a beaucoup !

Si on prend ATOS par exemple, pour comparer avec l'analyse ci-dessus, sur une seule séance (prenons celle du 26 janvier 2024), le SAR s'est inversé de nombreuses fois, générant de nombreux signaux d'achat et de vente :

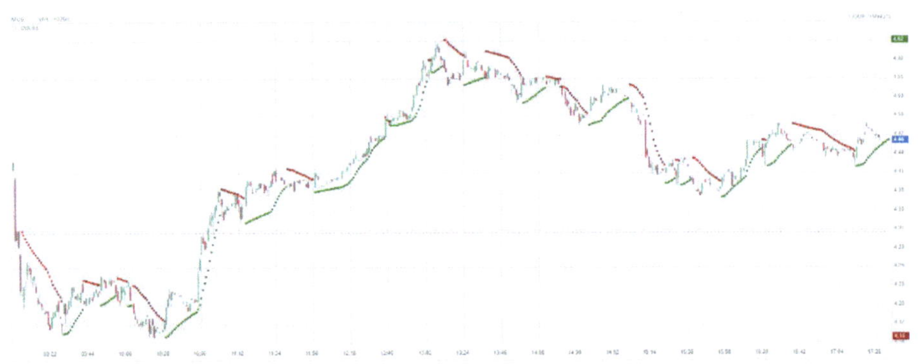

Comme vous le constatez, ce ne sont pas moins de 30 signaux d'achat et de vente qui ont été générés en intraday (à l'intérieur de la journée). Il va sans dire que cela est à réserver aux personnes qui ont le loisir de passer leur temps devant l'écran (ici il s'agit de chandeliers par minute).

CHAPITRE 4

TROUVER SON SYSTÈME

De la même manière que pour l'analyse fondamentale, nous avons vu que chacun doit au final avoir sa propre méthode de notation, ou du moins ses critères, c'est pareil pour l'analyse graphique : se servir d'une seule méthode n'est pas pertinent, et il faut en combiner plusieurs. Aussi bien sur le plan chartiste (analyse des figures) que des indicateurs.

Chaque recherche de figure, chaque indicateur donne une information. Et peu d'informations ne suffisent pas à prendre des décisions. À l'inverse, trop d'informations tuent l'information ! Si on veut attendre que tous les signaux soient au vert pour acheter ou au rouge pour vendre, on n'achètera ni ne vendra jamais !

Chacun pourra donc expérimenter ce avec quoi il est à l'aise.

Pour ma part, au niveau des indicateurs, je trouve qu'une combinaison du VORTEX et du SAR donne une bonne indication, qui peut être complétée par des ratios de Fibonacci.

Reprenons le cas d'ATOS vu précédemment, et complétons-le avec le VORTEX, avec Fibonacci et en essayant de trouver des figures chartistes. On voit que, par rapport au seul SAR, nous avons bien moins de signaux, et que le peu de signaux que nous avons sont bien plus pertinents.

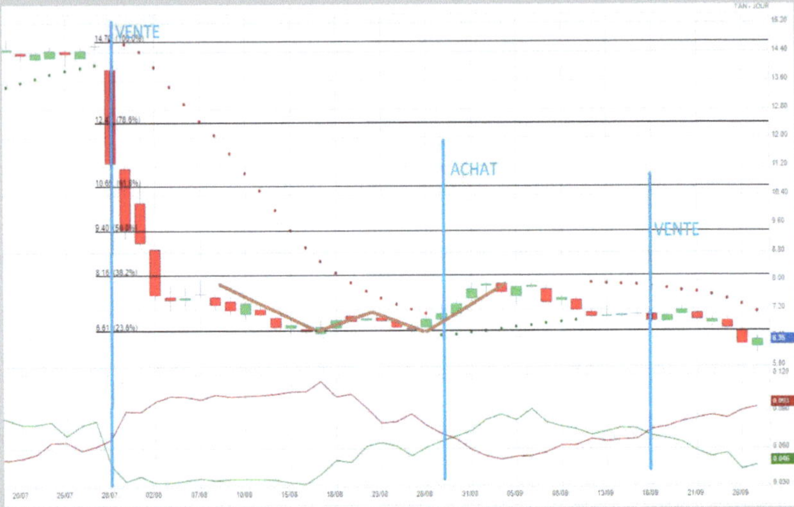

On voit déjà, comme dit plus haut, qu'il est difficile de mettre tous les indicateurs d'accord! Et encore plus si on veut faire intervenir des figures chartistes. Mais en admettant qu'on veuille voir le VORTEX et le SAR être d'accord, tout en regardant du côté du chartisme et de Fibonacci, on aurait eu le départ d'une phase de baisse le 27 juillet 2023, avec un passage simultané du VORTEX et du SAR en négatif. Un bon signal de vente. Cette vague de baisse s'est arrêtée un mois plus tard. Il y a eu un double bottom nettement identifiable (en marron). Le signal d'achat a alors été donné à ce moment-là. Et on voit qu'environ trois semaines après, un signal de vente a été donné, au même niveau que le signal d'achat. Donc, les acheteurs n'ont rien perdu mais rien gagné non plus. Et le signal de vente aura, lui, été bénéfique puisque par la suite, le titre a plongé…

CHAPITRE 5

ICHIMOKU

Comment ne pas aborder la question d'Ichimoku en 2024 quand on parle d'analyse technique ?

Ichimoku n'est pas le nom d'un mathématicien japonais.

Ichimoku signifie « d'un seul coup d'œil ».

Ichimoku existe depuis bien longtemps mais est à la mode en France depuis peu : quelques années.

Ichimoku ne se définit pas comme un indicateur ni comme une figure chartiste mais comme un système de trading à part entière. Le but étant de savoir d'un seul coup d'œil ce qu'il y a lieu de faire sur un indice ou sur une action.

La réalité n'est pas si simple, sinon les livres concernant Ichimoku ne seraient pas si sophistiqués.

J'ai interviewé en septembre 2023 un grand spécialiste d'Ichimoku en France, son livre *Le pouvoir d'Ichimoku* (chez JDH Éditions) étant la référence du domaine depuis sa publication à l'été 2023.

Voici donc l'intégralité de cette interview.

<u>Interview de Daniel Cohen de Lara,
auteur du livre *Le pouvoir d'Ichimoku,*
chez JDH Éditions</u>

JDH : Je reçois donc aujourd'hui Daniel Cohen de Lara, le président de l'AFATE, qui vient de sortir le livre *Le pouvoir d'Ichimoku*. Il va nous en dire plus, mais je voudrais déjà vous présenter le livre et sa qualité graphique : il s'agit d'un grand format, et le livre est en couleur avec de très jolis graphiques, car pour ceux qui s'intéressent à la Bourse, Ichimoku est une méthode très visuelle. Mon cher Daniel, pourriez-vous nous en dire un peu plus sur cette méthode qu'est Ichimoku, et au préalable très brièvement vous présenter ainsi que l'AFATE dont vous êtes président ?

DCL : L'AFATE est donc l'Association française des analystes techniques, c'est l'organisation qui est représentative de cet art qu'est l'analyse technique en France, et qui fait partie d'une organisation mondiale qui s'appelle l'IFTA, présente dans une trentaine de pays, en fait tous les pays qui ont une industrie financière importante, et qui regroupe à la fois des professionnels de la finance, qui travaillent sur la base de l'analyse technique, et des investisseurs individuels, et cela fait une osmose dans laquelle les investisseurs individuels viennent chercher de la ressource, de la matière chez les professionnels. C'est une association qui a un peu plus de trente ans, qui fonctionne sur un mode extrêmement agréable : on se retrouve une fois par mois, et toutes nos manifestations se finissent par un pot amical.

Superbe. Vous avez dit quelque chose qui m'a interpellé pour l'analyse technique : vous avez parlé d'art. C'est un art, l'analyse technique ?

Oui, c'est un art.

Plus qu'une science ?

Ah ce n'est pas une science ; qui dit science dit quand même science relativement exacte.

Pas forcément, les sciences humaines ne sont pas exactes, les sciences économiques, les sciences sociales…

C'est un art dans la mesure où elle n'a pas la possibilité d'être exacte, c'est une science qui mêle la technique, et beaucoup la psychologie, puisqu'on travaille uniquement sur l'analyse des prix. Et l'objectif de l'analyse technique, c'est à partir des prix au niveau du passé, à partir des supports de marché, des résistances de marché, d'élaborer des scénarios pour l'avenir ; je dis bien élaborer des scénarios. Il y a des scénarios qui vont fonctionner, d'autres qui ne vont pas fonctionner, mais il y a quand même un élément à la fin : seul le marché a raison.

Et donc Ichimoku est une méthode parmi d'autres pour analyser les graphiques et essayer de prédire les mouvements du marché en bourse, c'est bien ça ?

Tout à fait. Il y a l'analyse technique, qui existe dans le monde occidental depuis 130 ans, qui existe au Japon depuis 250 ou 300 ans, et Ichimoku, qui est d'origine japonaise. La grande distinction entre les deux, c'est que vous avez la première qui utilise, qui travaille sur les extrêmes de marché ; un support, c'est un extrême vers le bas du marché ; une résistance est un extrême haut du marché ; un canal est entre la branche haute et la branche basse du canal, qui sont des extrêmes de marché. Ichimoku travaille sur des niveaux d'équilibre de marché, à savoir : lorsque le marché hésite, lorsque le marché cherche une voie, il vient se réfugier dans des zones qui ont certes été travaillées non pas en extrêmes mais en lieux, ou quand le marché a hésité, les investisseurs venaient se réfugier sur ces niveaux. Je vais vous donner un exemple qui est extrêmement récent, qui date de quelques jours, sur le CAC 40.

Je précise donc qu'au moment de cette interview, nous sommes le 12 septembre 2023.

Il y a donc quelques jours, j'avais, dans les émissions que je fais, indiqué qu'il y avait un niveau extrêmement important pour le CAC, qui n'avait jamais été touché en tant que tel, que l'analyse technique classique ne connaissait pas, qui était exactement à 7 189, qui était un niveau d'équilibre long terme décrit par Ichimoku, et à deux reprises, le marché est allé toucher exactement le niveau, et en la circonstance en baissant, les acheteurs étaient présents sur ce niveau. Le marché baissait, et sur ce niveau, 7 189, les acheteurs étaient présents, et ce n'était pas jusque-là un niveau d'analyse technique classique. On s'aperçoit également que la grande majorité des niveaux d'analyse technique ont en fait été créés par Ichimoku, parce que c'est la méthode qui fait le mieux le lien entre le fondamental du marché, l'analyse technique et le comportement de l'investisseur.

De quand date environ cette méthode ?

Cette méthode a été le travail d'une vie, d'un monsieur qui s'appelait M. Hosoda. Ichimoku veut dire « d'un coup d'œil ». C'est un homme qui y a consacré sa vie entre les années 30 et 1968, où il a publié l'ensemble de sa méthode. À l'époque, on n'avait pas les ordinateurs qui traitaient une quantité de données énorme ; on travaillait sur du papier millimétré, et donc il a fait travailler des générations d'étudiants en mathématiques et en finances pour mettre au point sa méthode, et en fait, sa méthode n'a eu aucun succès au moment de sa sortie, car elle demandait beaucoup trop de traitements d'informations, et ce n'est qu'au début des années 90 qu'un trader japonais, M. Sasaki, a écrit un livre sur la méthode de M. Hosoda, et là, les ordinateurs avaient tout à fait la capacité à traiter l'énorme quantité de données nécessaires, et c'est là où la méthode a commencé à se développer fortement dans les salles de marché japonaises, c'est la méthode de base des salles de marché japonaises. Ensuite, ce livre a été traduit en anglais, donc il a ouvert les États-Unis à la méthode, et en Europe, en France, à la fin des années 2000, tout début des années 2010.

Et elle est utilisée par beaucoup de gens aujourd'hui ?

Elle est utilisée par de plus en plus d'investisseurs, à la fois privés et de plus en plus professionnels.

Des gérants de fonds ?

Plutôt des analystes techniques, à la fois enseignants, traders, formateurs…

On est d'accord que personne ne peut s'approprier cette méthode, elle est universelle ? Parce qu'un jour, j'ai entendu quelqu'un dire : « Ichimoku, c'est moi. »

Oui, ça a pu être dit. Après, les sentiments de chacun par rapport au travail qu'il a pu faire… Ichimoku, c'est un mode de pensée, qui est de dire : « on travaille sur les équilibres de marché et non pas sur les extrêmes ». À partir du moment où vous avez défini cette approche, chacun peut penser ce qu'il veut, à partir de son expérience, à partir des outils complémentaires que l'on peut utiliser – c'est une analyse technique, après tout ; moi, j'utilise l'analyse technique en complément d'Ichimoku, et la méthode que je décris dans ce livre, c'est justement : la base, c'est Ichimoku, mais on ne va pas renier, tourner le dos à 130 ou 140 ans d'analyse technique occidentale, et à 250 ans d'analyse technique. Ça existe, c'est vrai, et ça fonctionne. Donc l'originalité de mon approche, c'est justement d'abord Ichimoku, et je ne prends jamais de position en bourse qui soit contraire à ce que me dit Ichimoku, mais je viens dans un certain nombre de situations, un certain nombre de cas, me compléter l'analyse, et j'ai décrit une méthode qui a justement fait le lien entre

«Ichimoku, la base» et *l'analyse technique classique qui a sa réalité, sa vie et ses justifications.*

Deux petites questions qui concerneront tout particulièrement les gens qui «boursicotent» et qui investissent sur des actions pour faire des plus-values sur un terme plus ou moins long : est-ce que cette méthode peut s'appliquer aux small caps, ou est-ce que ça ne concerne plutôt que les indices ou les très grandes valeurs ?

Non, ça concerne tous les actifs dans toutes les unités de temps.

Même quand ce n'est pas très liquide ?

Même quand ce n'est pas très liquide. Ce n'est pas Ichimoku qui va créer une information qui n'existe pas ; si elle n'existe pas, elle n'existe pas. Au lieu de travailler sur des extrêmes de marché, sur des actifs qui sont peu liquides, ces extrêmes peuvent être vraiment très extrêmes, et on peut avoir sur des produits peu liquides des volatilités à court terme qui peuvent être importantes et qui peuvent brouiller, au contraire, la lecture qu'on peut avoir en analyse technique classique. Ichimoku, ce n'est pas son problème les extrêmes, les points aberrants de marché. Ichimoku va chercher les équilibres du marché.

Est-ce que cette méthode peut s'appliquer pour faire de l'investissement à long terme ? Par exemple : j'achète une action, mon but c'est de la garder 2 ou 3 ans, mais sur cette période, je ne veux pas faire 5 %, je veux doubler. Est-ce que c'est une méthode pertinente pour cela ?

La méthode est en tout cas beaucoup plus pertinente que l'analyse technique classique, dans la mesure où, de la même manière, et on revient toujours à ça, on regarde les équilibres de marché, et Ichimoku va aussi indiquer quels sont les supports et les résistances d'équilibre du futur.

Donc un investisseur qui utilise Ichimoku va avoir une cartographie du possible du marché de l'actif en question, qui va être beaucoup plus clair que ce que l'analyse technique va pouvoir indiquer. En fait, l'analyse technique va peut-être donner de grandes directions, mais va avoir beaucoup de mal à donner des niveaux d'équilibre de marché. Concernant les marchés, il y a une forme de suivi, les grands niveaux pour un actif donné, les grands niveaux d'équilibre, s'ils ont été pertinents dans le passé, vont être pertinents dans le futur, parce que ce sont des équilibres que le marché va en permanence aller chercher. Quand on est en tendance, on est en tendance.

D'accord, nous avons bien compris ce travail sur l'équilibre, c'est très visuel.

C'est la base, et c'est effectivement une méthode très visuelle.

On le voit dans les illustrations de ce livre que vous avez écrit et dont vous avez vous-même réalisé les graphiques. C'est un livre assez exceptionnel en soi ; c'est d'ailleurs le livre le plus cher que j'ai édité à ce jour, 65,90 euros, parce que le contenu est quand même très particulier et qu'on pourrait presque dire que c'est un beau livre de Bourse.

En fait, ce format, je l'ai trouvé très original ; on est un peu entre le livre classique et le livre d'art.

Exactement, et ça rejoint ce qu'on disait au début de l'interview : Ichimoku, c'est un art.

C'est un art, absolument.

Je vous remercie, cher Daniel Cohen de Lara. *Le pouvoir d'Ichimoku*, chez JDH Éditions, dans la collection Les Pros de l'Éco, par Daniel Cohen de Lara.

On l'a compris : Ichimoku consiste à observer un nuage qui donne une tendance. Quand ce nuage baisse, la tendance est baissière, et inversement. Il ne faut pas agir dans le nuage mais hors du nuage. L'idée de base est d'acheter quand le cours sort du nuage par le haut, et vendre quand il en sort par le bas. Mais en fait, le système est bien plus complexe et révèle beaucoup de subtilités.

Pour en savoir plus, mieux vaut se reporter au livre mentionné ci-dessus ! C'est une méthode qui nécessite de l'expérience et de bien la comprendre, car le fameux « coup d'œil » nécessite d'être aguerri. Avant de se lancer avec Ichimoku, il faut avoir compris les chandeliers japonais, les figures chartistes principales, ou du moins leur fonctionnement, et quelques indicateurs essentiels.

TROISIÈME PARTIE

COMBINER
ANALYSE FONDAMENTALE
ET ANALYSE TECHNIQUE

À présent, vous avez un aperçu synthétique de l'analyse fondamentale, qui vous permet de faire de bons choix, et de l'analyse technique, qui vous permet de trouver les bons moments pour investir. La combinaison des deux permet, en théorie, de faire « les bons choix au bon moment ». Cela est parfait lorsque les deux méthodes donnent des signaux qui vont dans le même sens. Cela renforce la probabilité de gagner en bourse. Mais parfois, il arrive que les fondamentaux et les graphiques aillent dans un sens complètement opposé. Il faut alors essayer de savoir pourquoi, de le comprendre, et de diagnostiquer des cas que je qualifierais de pathologiques. À savoir des cas où les graphiques ne reflètent pas du tout les fondamentaux. Et dans de tels cas, des stratégies sont à tenter, comme nous allons le voir.

Il est donc important maintenant de voir comment croiser les deux méthodes !

CHAPITRE 1

LES SITUATIONS DE REFLET

Bien souvent, du moins quand le marché est efficient, le graphique est le reflet de la progression d'une entreprise. Si une entreprise progresse régulièrement, au niveau de son chiffre d'affaires, de ses bénéfices, alors il y aura un beau canal haussier qui s'installera dans la durée et viendra appuyer par un graphe une réalité économique solide.

Prenons un exemple : celui de la célèbre entreprise française Air Liquide. Graphiquement, le titre est dans un canal haussier depuis près de 10 ans, ce qui est énorme.

Mais ce canal correspond à une réalité économique qui est celle d'une société qui augmente régulièrement son chiffre d'affaires, ses bénéfices, qui distribue des dividendes, voire même des actions gratuites de temps à autre, le tout avec une bonne communication financière.

Regardons les principaux chiffres du compte de résultat depuis 10 ans :

Année	2014	2016	2019	2022
Chiffre d'affaires (Md€)	15,4	18,1	21,9	29,9
Résultat d'exploitation (Md€)	2,58	3,02	3,6	4,2
Résultat net (Md€)	1,54	1,84	2,24	2,75

Le chiffre d'affaires a augmenté de 94 % en 8 ans, le résultat d'exploitation a augmenté de 63 % et le résultat net de 78 %.

Les résultats augmentent un peu moins vite que le chiffre d'affaires, donc il y a un léger tassement des marges. Ainsi, la marge nette est de 10 % tout juste en 2014 contre 9,2 % en 2022. Cela dit, le taux de marge reste excellent (on peut dire qu'une marge nette qui s'établit régulièrement autour de 10 % relève de l'excellence) et la croissance est régulière.

Le graphique est éloquent : il traduit totalement cet état de fait.

On y voit un très beau canal haussier depuis une dizaine d'années, en ce sens que les débordements sont rares et faibles. Moins il y a de débordements, plus le canal est pertinent, et lorsque cela s'accompagne d'une belle croissance fondamentale, on est sur des cas d'école, où la prévision est relativement aisée. Les tentatives de sortie de ce canal, que ce soit à la hausse ou à la baisse, se sont soldées par des échecs. Le titre est donc à acheter pour du long terme en raison de ses fondamentaux, mais l'achat est à optimiser en bas du canal de tendance. Pas forcément quand le titre touche le support (car on voit qu'il le touche peu souvent) mais du moins quand il se situe vers le milieu du canal. Sur du long terme, le support finira par dépasser ce point d'entrée de toute façon.

Prenons un autre exemple, celui de la société espagnole ACS. Nous sommes en janvier 2024, le titre vient de passer 4 ans dans un très beau canal haussier, du quasi jamais vu tellement il n'y a aucun débordement du canal. Une perfection graphique. Ce canal suit les fondamentaux qui sont excellents. Cette entreprise, qui est la Vinci espagnole, poursuivant une superbe trajectoire de croissance et de rentabilité. Le 29 janvier, le titre perd 10 % d'un coup. Mauvais résultats ? Profit-warning (c'est-à-dire avertissement sur les profits) ? Que nenni ! En fait, ACS détient 30 % de la société allemande HOCTIEFF qui détient elle-même une participation dans la société ABERTIS, tandis qu'ACS détient le reste dans ABERTIS. Et le souci vient de cette ABERTIS. Rien de grave, juste une espérance douchée. ABERTIS réclamait 4 milliards d'euros à l'Espagne au titre d'un litige, et obtiendra... 33 millions. Ce n'est pas la même chose !

Cela ne remet absolument pas en cause ni la trajectoire d'ACS ni sa rentabilité, mais nous avons là un cas d'école : une réaction baissière du titre sur sa résistance ; des prises de bénéfices ! Tout simplement. Rien n'est remis en cause, c'est juste une réaction épidermique car le titre n'arrivait pas à passer la résistance. Mais une telle réaction peut être le prétexte à une baisse du titre vers son support. Voilà pourquoi, même sur une excellente société en croissance et dont le titre suit un beau canal haussier reflétant les fondamentaux, il ne faut jamais acheter sur une résistance. Et après une telle chute et une inversion de l'indicateur VORTEX, il vaut mieux attendre avant d'acheter.

Mais nous restons dans une parfaite harmonie entre les aspects fondamentaux et les aspects graphiques.

Cette parfaite harmonie entre analyse fondamentale et technique, aussi bien dans le cas d'Air Liquide que d'ACS, met en évidence deux éléments :

– il n'y a pas de formation de bulle spéculative ;

– le marché ne perd pas sa confiance sur le titre. Et il n'a aucune raison de la perdre.

Mais pourtant, parfois, il la perd, cette confiance… Cela arrive surtout lorsqu'un titre est porté aux nues. Bien souvent, à la moindre erreur, au moindre faux pas, c'est la catastrophe.

Tel est le cas de la société Solutions 30, une très belle « success story » à la française des années 2000 et 2010.

Le graphique en dit long :

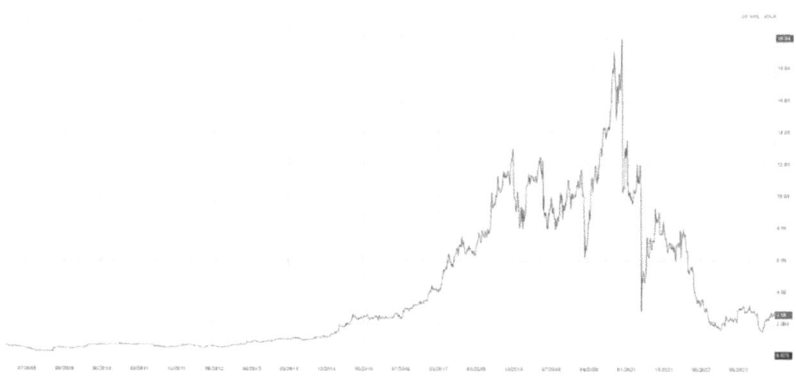

Voilà un titre qui est passé de 0,07 € en 2005 à 19 € fin 2020. En 15 ans, il a été multiplié par 270 ! Un particulier qui aurait placé 100 euros en 2005 et n'aurait pas vendu, se serait retrouvé avec 27 000 euros en 2020 ! Et ensuite, on voit que c'est la débandade absolue car la confiance a été rompue : il y a eu une histoire d'accusation de malversations de la part d'un fonds anglo-saxon, et à partir de là, même sans qu'aucune décision de justice n'ait jamais été prononcée en la matière, cela a suffi pour que le titre s'effondre et se retrouve entre 2 et 3 euros actuellement. Cependant, celui ou celle qui aurait placé 100 euros en 2005 s'en sort, s'il n'a pas vendu, à 3 500 euros en 2024. C'est moins bien que 27 000 euros quelques années plus tôt, mais cela reste très bien !

En fait, le marché avait totalement survalorisé cette société à la fin des années 2010. Le PER était vertigineux, autour de 80, donc dans l'irrationnel. Et on voit bien sur le graphique, la bulle spéculative qui a commencé à émerger en 2017/2018. En effet, on ne voit pas de canal de tendance identifiable mais juste un emballement. En essayant de joindre les plus hauts et les plus bas, rien n'apparaît, pas même un biseau. Quand rien n'apparaît, ni canal ni biseau, c'est que le marché s'emballe de manière non méthodique, non raisonnée…

Par rapport au cas précédent, celui d'Air Liquide, on y voit donc une énorme différence :

– Dans le cas d'Air Liquide, le graphique est clair, net, précis, la progression est régulière au sein d'un beau canal haussier. Ce qui est l'exact reflet des fondamentaux.

– Dans le cas de Solutions 30, la société a réalisé une croissance vertigineuse, il faut le dire, mais **le graphique a amplifié cette croissance, ne dessinant aucun canal de tendance.** Ainsi, il y a eu une bulle spéculative qui a explosé à la moindre étincelle. La société reste de bonne qualité mais son titre est juste monté trop haut et a littéralement explosé en vol.

Ces deux graphiques sont donc le reflet de fondamentaux en croissance : maîtrisée et raisonnée d'un côté, plus spectaculaire et anarchique de l'autre côté.

Quand une société offre un graphique haussier en relation avec des fondamentaux en croissance régulière comme Air Liquide, il s'agit vraiment de titres qui peuvent être mis et gardés, voire oubliés en portefeuille.

CHAPITRE 2

LES SITUATIONS DE CONFLIT

Air Liquide est une entreprise qui se porte bien. Le graphique est le reflet des fondamentaux. Pour Solutions 30, il a été aussi le reflet d'une réalité, celle d'un emballement qui ne pouvait pas durer éternellement même s'il correspondait à une réelle et puissante croissance.

À l'inverse, une entreprise qui ne va pas très bien verra son titre inscrit dans un canal baissier. Seulement, à un moment donné, un canal baissier va inéluctablement à 0 si on le prolonge dans un temps éloigné... Or, un cours de bourse égal à zéro signifierait faillite.

Il est donc très intéressant de chercher des sociétés qui ne vont pas si mal, et dont le titre est baissier... Car à un moment, il cessera de l'être vu qu'il sortira de sa tendance baissière. Et là il y a un conflit à exploiter entre le fondamental et le technique.

Prenons l'exemple d'Engie. Le graphique en 2016 montrait un titre allant vers 0, donc une société allant à la faillite.

Le grand canal baissier en question perdait 2,2 € chaque année. Ce qui voulait dire qu'en 2023, il n'y aurait plus d'Engie si le canal se prolongeait. Évidemment, Engie est toujours là et le titre est, depuis, sorti de ce canal de tendance qui annonçait une faillite pourtant impossible fondamentalement.

Voilà ce qui s'est passé par la suite :

Le titre est même remonté bien au-delà de ses niveaux de l'époque.

Ainsi, une grande entreprise, stable, qui perd l'attention des investisseurs et se situe dans un canal baissier, voyant son PER baisser d'année en année, finira par sortir de ce canal et nous pouvons avoir ici un investissement de portefeuille intéressant lui aussi.

Attention néanmoins à ne pas systématiser cette approche : certains graphiques sont baissiers car les entreprises en question vont très mal ! Dans de tels cas, une faillite n'est pas impossible. Et mieux vaudra donc éviter ces titres. **La Bourse, c'est aussi une question de discernement.**

Les bulles spéculatives sur des valeurs notoirement déficitaires sont aussi des cas de conflit entre fondamental et technique. Plusieurs secteurs ont été concernés au fil de l'Histoire. Par exemple les biotechs au début des années 2010 : des sociétés qui vivent des levées de fonds et des subventions, qui capitalisaient parfois à des milliards sur des espoirs de produits qui changeraient la santé publique mondiale.

Sur ce genre de titres, il convient, si on tente une position, de ne le faire que sur du trading car il n'y a pas de logique fondamentale, et plus le temps de détention est court, plus on peut se permettre de ne regarder que les graphiques.

Les graphiques de sociétés comme Genfit, société emblématique de cette bulle spéculative des années 2010, sont nombreux :

Autre chose qu'il sera bon de savoir quand on boursicote sur du moyen terme : plus il est facile de trouver un canal de tendance précis sur une action, plus l'analyse graphique aura une forte importance prédictive forte. Une action qui a du mal à s'inscrire dans un canal ou un triangle ou un trading range sera une action peu suivie par les analystes chartistes mais plus par les fondamentalistes. À l'inverse, plus on peut trouver un canal précis avec des supports et résistances très clairs et nets, plus cela signifie que l'analyse graphique a un poids prédictif fort.

Enfin, pour clore ce sujet, l'indice VIX, dont il a été question dans la partie précédente, est lui aussi très utile pour combiner une approche fondamentale et une approche technique. Lorsqu'il est élevé, les ratios de valorisation peuvent être globalement revus à la baisse. À l'inverse, lorsqu'il est bas, les ratios en question peuvent être revus à la hausse.

CHAPITRE 3

LES SITUATIONS
DE RÉSOLUTION DE CONFLIT

Il est très intéressant de rechercher la concomitance de signaux techniques et de signaux fondamentaux pour acheter comme pour vendre.

Certes, nous avons vu que dans le cas où on cherche à multiplier les informations, on perd des opportunités (car trop d'information tue l'information) mais la recherche d'une combinaison entre un signal fondamental et plusieurs signaux graphiques améliore les chances de réussite de votre position, surtout quand il s'agit d'un achat à moyen terme.

<u>**CAS PRATIQUE**</u>

Nous avons vu le cas pratique de l'entreprise Mersen sur la première partie avec une croissance de bon niveau, des fondamentaux en amélioration et pourtant un PER faible (autour de 10) ainsi qu'un ratio VE/EBITDA faible lui aussi (autour de 5).

Nous avons vu, en deuxième partie, qu'en janvier 2024, après les résultats annuels, le graphique donnait un signal d'achat clair et net :

Il suffit de voir si l'objectif graphique peut coïncider avec l'objectif fondamental. Dans le cas présent, c'est à 33 € que le PER est de 10 sur l'année écoulée et probablement de 9 sur l'année en cours. Donc, un cours de 42 € qui serait l'objectif de la figure chartiste donnerait un PER de 11,5 (27 % de hausse, or 27 % de plus que 9 de PER, cela fait environ 11,5). Compte tenu de la croissance de l'entreprise, les deux coïncident et donc nous avons bien ici un signal d'achat fondamental ET technique...

Par ailleurs, les cas de conflits apparents entre analyse fondamentale et technique sont parfois tout simplement des cas de changement de statut. Cela a été évoqué dans le premier chapitre de la première partie avec Kering en exemple : lorsqu'une entreprise change de statut, son PER change, et le marché ne la voit plus de la même manière. Cela se traduit graphiquement par des bouleversements. Et c'est en confrontant les aspects fondamentaux et graphiques qu'on s'en aperçoit.

À titre d'exemple, la société Teleperformance a pendant très longtemps fait de la croissance de manière forte et régulière. Le marché la percevait comme une valeur de croissance et même un fleuron de son secteur. Mais depuis 2022, la croissance s'est ralentie, ce qui s'est confirmé en 2023 et en 2024, la hausse du chiffre d'affaires étant de plus en plus modeste et les bénéfices stagnant. Pourtant, la structure financière reste excellente (peu de dettes, un coupon régulier, des bénéfices nets et récurrents). Le statut de l'entreprise étant passé de valeur de croissance leader de son domaine à valeur dite défensive, cela s'est traduit par une forte baisse. En effet, le marché a cessé de rêver, et le PER est passé de 40 à moins de 10. En effet, une valeur de fond de portefeuille, dite défensive, vaut en général moins de 10 fois ses bénéfices. Donc, la résolution du conflit apparent passe par un ajustement de cours, même s'il peut y avoir des exagérations baissières à la fin de l'ajustement. Le graphique est éloquent sur le sujet :

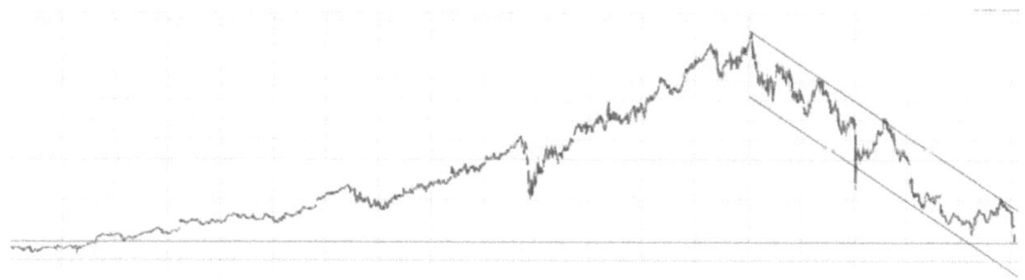

CHAPITRE 4

LES EFFETS DE SEUIL
ET LES CAS PATHOLOGIQUES

Sachez que ce sont essentiellement les fonds qui font et défont les marchés. Fonds de pension, fonds de retraite, fonds d'assurance-vie, fonds français, fonds américains, fonds asiatiques, etc.

Or un fond, animé par un gérant de fonds ou une équipe de gérants de fonds, ne fonctionne pas comme un particulier. En tant que particulier, vous avez souplesse et liberté dans vos choix d'actions. Un fonds a un cahier des charges à respecter.

À partir du moment où vous avez compris cela, vous avez déjà fait un grand pas : **un fond a un avantage sur vous, celui de pouvoir faire et défaire le marché ; mais vous avez un avantage sur lui : vous avez pour vous la souplesse et la flexibilité, qui vous permettront d'anticiper les décisions des fonds !**

Mais comment donc anticiper les décisions d'investissement des gérants de fonds ? Par exemple en exploitant les fameux effets de seuils. Qui vont surtout concerner les small caps, mais aussi les grandes entreprises en perdition… ou en recovery !

Pour avoir rencontré de nombreux gérants de fonds, plusieurs m'ont indiqué que dans leur cahier des charges, ils n'ont pas le droit d'investir dans une société capitalisant moins de 1 milliard d'euros. Pour d'autres, ce seuil sera de 100 millions. Tandis que d'autres encore n'ont pas le droit d'avoir en portefeuille des penny-stocks, c'est-à-dire des

actions valant moins de 1 € (car ça fait mauvais effet...).
Enfin, la quasi-totalité des fonds s'interdit d'investir sur
Euronext Access (ex-marché libre). Ce qui, de ce fait, ré-
serve Access aux particuliers ou aux petits **family-office**
(sorte de mini fonds non institutionnel gérant quelques
millions d'euros appartenant à un individu, une famille ou
quelques individus regroupés par exemple sous forme de
société). C'est pour cela qu'Access est un marché en général très peu liquide. Certaines actions restent plusieurs
semaines sans cotation. C'est aussi pour cela que sur Access, l'analyse technique ne veut pas dire grand-chose car
elle n'a aucune prétention d'autoréalisation vu qu'il n'y a
pas d'algorithmes ni de robots traders...

Revenons donc aux effets de seuil.

**Bien sûr, il existe d'autres seuils que ceux cités ci-dessus,
mais retenez bien ceux-là car ils vous seront indispensables :**

> **– 1 € de cours de bourse**

> **– 100 M€ de capitalisation boursière**

> **– 1 milliard de capitalisation boursière**

**Cela veut dire que lorsqu'une action franchit à la
hausse ou à la baisse un de ces seuils, il y a de grandes
chances que le mouvement soit prolongé. Ainsi, quand
vous voyez une action baisser fortement, en regardant
sa capitalisation, vous pouvez anticiper son support
graphique.**

Par exemple, quand le titre Reworld est sorti de son statut
de penny-stock, dépassant les 1 €, il y a eu une accéléra-
tion haussière car des fonds n'ayant pas l'autorisation
d'avoir des penny-stocks en portefeuille ont alors pu en
acheter. Ce genre d'effets, surtout sur les penny-stocks,

peuvent être intéressants pour jouer des mouvements de court terme.

Autre exemple, avant qu'Atos ne s'effondre, le titre a souvent et longtemps flirté avec le seuil du milliard de capitalisation boursière, qui, en tout cas en 2022 et 2023, correspondait au cours de 8,96 € exactement.

Le graphique est très intéressant : il montre qu'en août 2023, alors qu'un gap a été ouvert entre deux chandeliers baissiers, ce gap s'est juste fait sur le fameux seuil. Depuis, le titre n'est jamais revenu au-dessus de ce seuil. On voit aussi que précédemment, ce seuil avait été enfoncé mais vite rattrapé. En effet, les fonds qui ont des cahiers des charges leur interdisant les capitalisations inférieures au milliard, pour la plupart, ne sont pas à un jour près. Ils peuvent garder le titre en portefeuille quelque temps mais pas longtemps.

Souvent, le franchissement à la baisse d'un support graphique correspondant à un effet de seuil peut être dû à deux phénomènes :

– Une très forte dégradation des fondamentaux de l'entreprise

– Un cas pathologique

Attardons-nous justement sur ces situations patholo-giques. J'appelle ainsi les situations où le graphique est très fortement baissier, sans que cela ne corresponde à une réalité fondamentale de l'entreprise. Si on reprend le cas d'Atos précisément, le titre capitalise, en janvier 2024, à moins de 500 millions d'euros. L'entreprise est en perte, a beaucoup de dettes, et le marché s'interroge sur la ma-nière dont elle va les rembourser. Tout cela crée une pression baissière. Mais d'un autre côté, le chiffre d'af-faires est de plus de 10 milliards d'euros, et les capitaux propres de près de 4 milliards d'euros. Nous avons donc un ratio Capitalisation/CA de 5 % et un ratio de Capitali-sation/Capitaux Propres de 12 % environ. De plus, Atos détient des actifs stratégiques pour la France comme des supercalculateurs utilisés pour l'armement nucléaire. La France refusant qu'ils passent sous pavillon étranger, il y a eu des projets de vote de nationalisation. Ce qui a ten-dance à rassurer et à effrayer le marché en même temps. Les investisseurs finissent par arriver à des situations où « ils ne savent plus ». Et quand ils ne savent plus, tout est gouverné par l'incertitude, et même l'analyse graphique ne montre plus de réel support, sinon en faisant jouer les extensions de Fibonacci.

C'est un outil que nous n'avons pas mentionné dans la partie dédiée à l'analyse graphique mais qui est tout à fait utilisable en fait pour les « cas pathologiques », ces cas de panique totale en déconnexion avec la valeur fondamen-tale de l'entreprise.

*Les **Extensions de Fibonacci** sont complémentaires des re-tracements de Fibonacci car ici, les niveaux considérés sont supérieurs à 100 %. La question qu'on se pose alors, lorsqu'il y a une forte vague de baisse, c'est «jusqu'où le marché peut-il aller ?». On trace une droite reliant le plus haut et le plus* *bas de la vague de baisse, et on applique les fameuses extensions. La hauteur séparant ces deux points sert de base aux niveaux de Fibonacci. Généralement, on distingue toujours les cinq niveaux correspondant à des distances de 23,6 %, 38,2 %, 50 %, 61,8 % et 78,6 % de cette hauteur à partir du point de la fin de la tendance identifiée.*

Si on reprend Atos, il y a donc ce fameux décrochage du mois d'août 2023. À partir de là, on applique les extensions. Et voilà le graphique qu'on obtient :

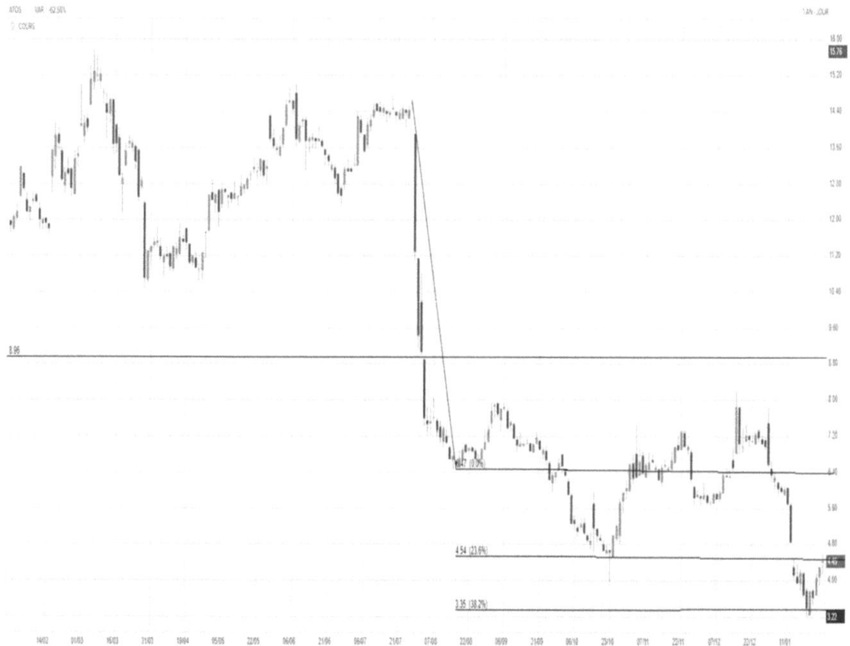

On voit clairement que les extensions jouent un rôle de support : la première extension à 23,6 % a joué un rôle de support puis, après une nouvelle baisse en début d'année 2024, c'est la deuxième extension à 38,2 % qui a joué un rôle de support.

Cette méthode de traitement graphique des cas pathologiques est d'autant plus valable quand il y a eu la cassure
d'un support correspondant à un effet de seuil...

**En résumé, une cassure d'un support de seuil fonda-
mental (1 milliard de capitalisation par exemple) est
due soit à une catastrophe sur l'entreprise, soit à un
cas pathologique (jamais anodin par ailleurs ; Atos
n'est pas Air Liquide). Quand on repère qu'il s'agit
d'un cas pathologique, on peut alors appliquer les extensions de Fibonacci pour situer les supports et
tenter des positions, qui seront forcément par ailleurs
moins risquées dans l'absolu que dans le cas de la catastrophe (entreprise Casino en 2023 par exemple).**

CHAPITRE 5

QUAND UTILISER L'EFFET DE LEVIER ?

La combinaison d'un signal fondamental fort et de quelques signaux graphiques renforce donc la décision d'achat ou de vente, comme nous l'avons vu ci-dessus. Aussi, dans ce genre de cas, il est alors possible, à titre spéculatif, d'utiliser un effet de levier, car le risque de se tromper est moindre, même si le marché a parfois ses raisons que la raison ignore…

Bien sûr, cela ne concerne pas des cas comme celui d'Air Liquide, où l'on a un bel « alignement de planètes » pour le long terme. Par contre, sur une situation de rebond comme celle envisagée avec Mersen (voir ce cas pratique tout au long des précédents chapitres), un effet de levier peut être autorisé. Concernant une action, cela peut être une prise de position au SRD.

Rappelons que le SRD est un mécanisme qui permet à un intermédiaire financier de proposer à ses clients un crédit pour acheter ou vendre une action (dans ce cas, c'est la fameuse vente à découvert). Le dispositif repose sur le fait que le client ne paye pas de suite ses actions mais seulement à la fin du mois boursier (en général 5 jours avant la fin du mois civil). Il en reçoit livraison le jour suivant cette fin du mois boursier, sauf s'il a décidé de reporter la position. Mais quand il ne reporte pas ses positions et les paye, on dit qu'il les lève. Par définition, le vendeur ne peut que reporter sa position ou la déboucler, en rachetant les titres vendus. Ce dispositif nécessite cependant un dépôt de garantie, dont le montant va déterminer le levier. Le levier peut aller de 0 à 5. Ainsi, les actions détenues par l'investisseur dans son portefeuille peuvent lui servir de garantie, jusqu'à 2,5 fois leur valeur[1]. Les liquidités peuvent, quant à elles, offrir un levier allant jusqu'à 5. Par exemple, un client dispose d'un portefeuille de 10 000 € dont 8 000 € d'actions[2] et 2 000 € de liquidités. Avec le levier maximum, il pourra acheter des actions pour 20 000 € donnés par ses actions et 10 000 € donnés par ses liquidités, soit au total 30 000 € de disponible, donc un effet de levier de 3, sur son portefeuille global.

Le SRD, c'est donc un peu «jouer avec de l'argent qu'on n'a pas» mais qu'on devra rembourser tôt ou tard. Cela peut être tentant lorsqu'on a une combinaison de signaux fondamentaux et techniques, mais à condition que les positions ne soient pas gardées longtemps. En effet, plus la position est gardée, plus il y aura à payer et plus grand sera le risque de voir le titre aller contre le sens que vous aurez choisi. Le SRD est intéressant pour initier un mouvement de hausse par exemple, en complément d'une position détenue en ferme dans son portefeuille. Il conviendra donc, si vous ne bénéficiez pas d'un suivi de votre position par un spécialiste, de placer des « stops de protection » juste en dessous du support. Par exemple, dans le cas de Mersen, avec un support à 30 €, ces stops peuvent être placés vers 29 €. Cette stratégie concerne uniquement la ligne détenue au SRD car, pour les lignes « classiques » (à savoir les titres que vous avez en position ferme en portefeuille), le temps est votre allié, tandis que,

---

[1] Il est interdit de couvrir ses positions en règlement différé avec les mêmes actions au comptant. On ne peut pas couvrir sa vente à découvert sur Saint-Gobain avec ses propres actions Saint-Gobain.
[2] Toutes les actions ne sont pas acceptées en garantie. C'est à la discrétion de l'intermédiaire.

dès que vous utilisez des effets de levier, il devient votre adversaire et il faut alors bien faire attention !

Les warrants, calls (pour parier sur la hausse) ou puts (pour parier sur la baisse) peuvent aussi être envisagés mais ne concerneront que les très grandes capitalisations, alors que le SRD existe pour des capitalisations plus modestes. Pareil, sur les warrants, il y a une valeur-temps qui joue contre les détenteurs desdits instruments. Donc, là encore, on pourra en acheter lorsqu'on détecte une combinaison fondamental/technique, mais on fera attention à ne pas les conserver trop longtemps.

Sur des cas pathologiques comme ceux cités au précédent chapitre, il peut aussi être utile et intéressant de spéculer sur des rebonds sur les extensions de Fibonacci, avec des positions en SRD, mais là encore, on fera attention à prendre des bénéfices rapidement. Le SRD, c'est une optique de trading et pas autre chose, tout comme l'effet de levier en général.

Pour en savoir plus sur les effets de levier, je vous renvoie au livre de Romain Daubry, *Trading à effet de levier*, paru en octobre 2023 chez JDH Éditions.

CONCLUSION

Vous avez à présent entre les mains quelques outils, quelques éléments appuyés sur des cas pratiques (qui gagneraient à être développés dans un livre dédié) qui vous permettront d'appréhender le marché avec deux visions très différentes mais complémentaires.

Il ne faut pas opposer l'analyse technique et l'analyse fondamentale. L'un ne va pas sans l'autre. Il faut juste savoir repérer les situations de conflit et diagnostiquer la stratégie à adopter, et les situations d'harmonie, de reflet comme je les ai appelées, idéales pour se constituer des fonds de portefeuille, mais là encore, le graphique permet de trouver des points d'entrée ou en tous cas d'éviter certains points d'entrée.

Cet ouvrage ne prétendait pas à l'exhaustivité, ni pour l'analyse fondamentale ni pour l'analyse technique, mais surtout à les mettre en parallèle pour vous aider à faire les bons choix au bon moment !

Sur des marchés comme le Forex, le raisonnement est exactement le même sauf que les fondamentaux d'une devise sont les taux d'intérêt, le PIB, les obligations, etc. Ce sont des fondamentaux économiques et non comptables !

Ce qui pourrait aussi faire l'objet d'un livre dédié !

Retrouvez l'auteur sur FranceBourse.com !

FranceBourse.com est un site leader de l'information boursière en France.

FranceBourse est un site internet totalement privé. Il appartient à la société Plus-Values SA et n'a aucun lien avec quelque organisme officiel.

Le site propose à ses inscrits :

UNE PARTIE GRATUITE

• La chronique du lundi matin, envoyée par mail, fait le point sur l'actualité économique, financière, boursière, avec le regard acerbe de Jean-David Haddad.

• Des e-mails de flash info Bourse quand l'actualité l'exige.

• La possibilité pour le lecteur de tester en ligne son profil boursier et bénéficier de nos recommandations de « coaching ».

UNE PARTIE PAYANTE
DIFFÉRENTES FORMULES S'OFFRENT À NOS LECTEURS

• L'abonnement **MailExpert** permet de lire toutes les analyses publiées en ligne (fondamentales et techniques) ainsi que les mails de recommandation sur les actions. Le niveau de risque est toujours précisé ainsi que la durée recommandée pour l'investissement.

- L'abonnement à notre produit phare, **Le porte-feuille Croissance**, ce dernier se trouve dans une lettre confidentielle, téléchargeable tous les 15 jours, La Quinzaine de FranceBourse.

- L'abonnement **au portefeuille Rendement**. Pareil! Notre portefeuille Rendement, qui réalise une performance très régulière, est intégré à la lettre téléchargeable « Pépites du Rendement ». Une gestion basée sur les dividendes et leur réinvestissement, et non sur la quête de plus-values!

Découvrez

Bien démarrer en Bourse

Gagner de l'argent, avec ou sans capital !

Par Jean-David Haddad

Suivez **JDH Éditions** sur les réseaux sociaux
pour en savoir plus sur les auteurs,
les nouveautés, les projets…

Inscrivez-vous à notre Newsletter sur
www.jdheditions.fr

Pour recevoir l'actualité de nos nouvelles
parutions